Lo que no se dice ni se explica (...) de la empresa familiar

Alejandro Climent Pérez-Pire

Lo que no se dice ni se explica (...) de la empresa familiar
Alejandro Climent Pérez-Pire

Idea de cubierta: Milca Martin Vico
Diseño de la cubierta: Equipo de Universo de Letras
Imagen de cubierta: ©Shutterstock.com

Obra publicada por el sello Universo de Letras
www.universodeletras.com

Primera edición: 2024

ISBN: 9788410265080
ISBN eBook: 9788410265592

Por volver a ver la Luna,
Lobita.

Lo que no se dice,
ni se explica (...)

La fusión se aprueba en
la paella de tía Paca

Este trabajo surge de las preguntas y consultas que he ido recibiendo en todos estos años sobre la empresa familiar y sus particularidades, algo que ha derivado en la queja constante de todos mis interlocutores de por qué no hay un documento sencillo que, sin entrar en extravagancias, pudiera explicar de forma claray práctica la parte interna del funcionamiento de las empresas familiares: aquellas normas, documentos y órganos que rigen a las familias e impactan de forma directa en las empresas de las que forman parte; al contrario que sucede en las juntas de accionistas, estatutos o los consejos de administración son un mundo oculto y etéreo para la mayor parte de las personas. Cuando las decisiones, acuerdos que se toman con base en esos documentos y en esos órganos marcan el devenir de las empresas familiares.

Después de todo este tiempo contestando de muchas formas (en una charla de café, en un aeropuerto, con un *mail* o incluso con algún pequeño texto), he decidido poner todas mis notas y comentarios juntos para facilitar la tarea a aquellas personas que quieran conocer más de cerca las familias y empresas familiares que crean.

Intentaré hacer el texto dinámico, aportando allí donde crea necesarios ejemplos; si bien todos ellos son ciertos, cualquier coincidencia con un caso real concreto será casualidad[1]. Mostraré de forma clara y precisa la interacción directa entre estas normas y órganos familiares con las normas y órganos empresariales que todos conocemos.

Pero antes de empezar, dejadme explicar una idea: los órganos y normas empresariales (de las SL, SA, LTD, Co, etc....) están marcados por una normativa legal, que hace que su existencia y desarrollo sea muy lineal. Esto contrasta de forma directa con los órganos y normativas familiares, que no tienen por qué seguir un orden lineal (o algo que cada uno pueda entender como lógico), si bien es cierto que la práctica y la experiencia marcan que determinados pasos en un orden en concreto tienden a funcionar mejor, cada familia y ,por ende, empresa familiar debe encontrar su ritmo velocidad y el desarrollo de cada una de las normas y órganos que vamos a comentar.

Así que comience este viaje conmigo con la mente abierta y entendiendo que todo lo que vamos a ver puede que esté en una familia/empresa familiar o no y que eso no significará que estén haciendo las cosas mejor o peor. Tomad como ejemplo las normas particulares de cada familia para escoger una película en el cine o qué *pizza* se pide. Estoy seguro de que todos tenemos ejemplos cercanos de familias, que no son la nuestra, y que vemos como locuras,

---

[1]   Gracias a todos los que habéis compartido conmigo vuestras vivencias y, en especial, a los que me permitisteis formar parte de alguna de ellas.

pero que a ellos no solo les funciona, sino que además refuerza su cohesión y sentido de pertenencia[2]

Me he permitido incluir un extra al final del libro, que creo interesante para entender mejor la empresa familiar y sus dinámicas. Espero que os resulte interesante.

¿Os animáis a desvelar los secretos entre los paréntesis de la empresa familiar y seguir más allá de los puntos suspensivos para entender mejor a las familias y sus empresas familiares? Si es así, empecemos.

---

[2] Id quedándoos con estos dos conceptos: «cohesión familiar» y «sentido de pertenencia», ya que los iremos viendo a lo largo del libro y tienen una importancia vital en muchos momentos de la vida, normas y órganos de la familia y la empresa familiar.

Introducción

Antes de poder profundizar en las normas órganos y dinámicas, debemos conocer y entender el entorno y espacio donde se producen. Por eso, en esta sección introductoria, se proporcionará una contextualización de las empresas familiares, destacando su definición, características distintivas y su relevancia, tanto en el ámbito económico como en la sociedad en general.

1. Contextualización de las empresas familiares

1.1. Definición y características distintivas

Las empresas familiares, como ejemplifica el caso de El Corte Inglés en España, fundada por Ramón Areces en 1940, se caracterizan por ser entidades en las que la propiedad y el control están en manos de una o varias familias. La empresa, inicialmente un pequeño almacén, ha crecido bajo la gestión de la familia Areces, consolidándose como uno de los grandes almacenes líderes en Europa[3].

Partiendo de este ejemplo, podemos profundizar e ir viendo diferentes definiciones para la empresa familiar. En todas podremos reconocer que se han mantenido conceptos comunes, añadiendo matices o capas, pero remarcando, ya sea de forma directa o indirecta, el impacto de las dinámicas de la familia y sus miembros en el desarrollo de las empresas familiares.

---

[3] Aunque veremos que este camino no ha estado exento de problemas generados por las dinámicas familiares (a modo de ejemplo de sucesión fallida, en Dimas Gimeno (2014, diciembre 2018).

Veamos ahora algunas de estas definiciones y cómo han ido cambiado y adaptándose con el paso del tiempo, sin perder esos conceptos vertebradores y permanentes de las empresas familiares.

1. **Definición según Lansberg (1983)**

   - «Empresas familiares son organizaciones en las cuales miembros de una misma familia son propietarios significativos o controlan una parte significativa de la gerencia principal».[4]

2. **Definición según Aronoff y Ward (1995)**

   - «Las empresas familiares son aquellas en las que al menos dos miembros de la familia están involucrados como propietarios, gestores, o ambos papeles, y la dirección de la empresa está influenciada por las relaciones familiares, el comportamiento y los objetivos».[5]

3. **Definición según Gersick, Davis, Hampton, y Lansberg (1997)**

   - «Empresas familiares son sistemas sociales únicos donde las propiedades de la familia y los negocios se entrelazan. Estos sistemas pueden ser más o menos funcionales, dependiendo de la capacidad de la familia para manejar sus dinámicas internas y adaptarse a los cambios externos».[6]

4. **Definición según Chrisman, Chua y Sharma (1998)**

   - «Empresas familiares son aquellas en las que la propiedad de la empresa está en manos de una familia y dos o más miembros de la familia están involucrados activamente

[4] Lansberg, I. (1983). *Managing human resources in family firms: The problem with 'familiness'.* Organizational Dynamics, 12(1), 39–49.

[5] Aronoff, C. E., & Ward, J. L. (1995). *Family—Owned Businesses: A Thing of the Past or a Model for the Future?* Family Business Review, 8(2), 121–130.

[6] Gersick, K. E., Davis, J. A., Hampton, M. M., & Lansberg, I. (1997). *Generation to Generation: Life Cycles of the Family Business.* Harvard Business School Press.

en la gestión, contribuyendo así al logro de los objetivos empresariales».[7]

5. **Definición según Astrachan y Shanker (2003)**

- «Empresas familiares son aquellas en las que los miembros de la familia desempeñan un papel estratégico en la propiedad, la toma de decisiones y/o la gestión, y están involucrados activamente en la continuidad del negocio a través de las generaciones».[8]

6. **Definición según Miller y Le Breton-Miller (2006)**

- «Empresas familiares son organizaciones en las que las familias son propietarias y están involucradas en la gestión y en la toma de decisiones estratégicas, y cuya identidad y dirección están fuertemente influenciadas por la familia».[9]

Estas definiciones nos señalan que las empresas familiares se configuran como entidades comerciales con una amalgama única de relaciones familiares y operaciones empresariales. Por ello, han sido objeto de estudio desde diversas perspectivas, dando lugar a múltiples definiciones que resaltan aspectos claves, que convergen en la descripción de la complejidad y singularidad de estas organizaciones.

En este marco, a modo de ejemplo, **Gersick, Davis, Hampton, y Lansberg** (1997) subrayan la intersección de las propiedades familiares y empresariales, presentando a las empre-

---

[7] Chrisman, J. J., Chua, J. H., & Sharma, P. (1998). *Important attributes of successors in family businesses: An exploratory study*. Family Business Review, 11(1), 19–34.

[8] Astrachan, J. H., & Shanker, M. C. (2003). *Family businesses. Contribution to the U.S. economy: A closer look*. Family Business Review, 16(3), 211–219.

[9] Miller, D., & Le Breton-Miller, I. (2006). *Family governance and firm performance: Agency, stewardship, and capabilities*. Family Business Review, 19(1), 73–87

sas familiares como sistemas sociales. Esta perspectiva destaca la dinámica entre los aspectos familiares y empresariales, sugiriendo que la funcionalidad de la empresa familiar depende de la habilidad de la familia para gestionar sus dinámicas internas y adaptarse a cambios externos.

Por otro lado, **Chrisman, Chua, y Sharma** (1998) aportan a la discusión la idea de la activa participación de la familia en la gestión, como un rasgo definitorio. Aquí, la propiedad familiar no es solo nominal, sino que se manifiesta a través de la implicación directa de miembros de la familia en la toma de decisiones y la gestión cotidiana, estableciendo así una conexión vital entre la familia y el éxito empresarial.

Yendo a definiciones más actuales, **Astrachan y Shanker** (2003) resaltan la participación estratégica de la familia en la propiedad, en la toma de decisiones y en la gestión. Este enfoque destaca que las empresas familiares no solo comparten una propiedad familiar, sino que también son moldeadas activamente por los miembros de la familia, que desempeñan un papel significativo en la dirección estratégica. La conexión directa entre la familia y la consecución de objetivos empresariales se vuelve esencial.

Por su parte, **Miller y Le Breton-Miller** (2006) enfocan su definición en la influencia profunda de la familia en la identidad y dirección de la empresa. La propiedad y la gestión se entrelazan no solo a nivel operativo, sino también en la orientación estratégica y la gobernanza, resaltando cómo las empresas familiares son inherentemente moldeadas por la visión y valores familiares.

Si buscamos el denominador común en estas definiciones, este sería la importancia de las relaciones familiares en la empresa. Significa que la interacción entre familia y negocio no es simplemente estructural, sino que está arraigada en la toma de decisiones, la gestión y la identidad organizacional. Además, la capacidad de adaptación a dinámicas internas y externas emerge como un factor crítico para el funcionamiento exitoso de estas empresas.

Así, **el aspecto clave compartido entre las distintas definiciones es la integración profunda de la familia en la empresa no solo como propietarios o gestores, sino como agentes estratégicos que influyen en la dirección y la identidad organizacional**. Además, la visión a largo plazo y el compromiso generacional destacan la importancia de la sostenibilidad y la adaptabilidad en el contexto de las empresas familiares.

En síntesis: las empresas familiares representan una intersección única entre lo familiar y lo empresarial. La interacción constante de la familia en la gestión, la toma de decisiones y la influencia en la identidad organizacional define el carácter distintivo de estas entidades, creando un campo de estudio rico en complejidades y desafíos.

Palabras claves: FAMILIA, PROPIEDAD, GESTIÓN, VISIÓN, VALORES.

1.2. Legado y relato familiar: origen y futuro de la empresa familiar[10]

Semillas de sueños y empresas

En el comienzo de cada empresa familiar reside una narrativa única, una historia que se entrelaza con las aspiraciones, sueños y desafíos de una familia. La semilla inicial de la empresa familiar a menudo se siembra en las experiencias compartidas y las visiones que emergen en el seno de la familia.

Explorar el origen de estas empresas implica sumergirse en los relatos familiares que las han nutrido desde sus inicios.

---

[10] Más adelante veremos la influencia en toda la familia y su impacto en el protocolo familiar, que estudiaremos como documento central de la familia empresaria.

Todos los sueños y relatos son muy frágiles: si no encuentran protección y cuidados en las primeras etapas, estos pueden desaparecer antes de ser una realidad o de cambiar cuando pasan de una generación a otra o incluso entre los miembros de la misma generación—

1.2.1 El sueño que se convierte en misión familiar

Cada empresa familiar tiene su propio sueño fundacional, un anhelo que unifica a la familia en una misión compartida. Desde el rincón acogedor de una casa hasta la mesa de la cocina donde se debaten ideas, estas primeras etapas son un crisol donde las semillas de la empresa familiar germinan.

Así podríamos hablar de cientos. Nombraremos algunos que han tenido éxito, que nos permiten entender mejor estos conceptos tan etéreos y su influencia en la familia y la empresa.

1. **The Walt Disney Company**
   - **El sueño inicial:** Walt Disney, junto con su hermano Roy O. Disney, soñó con crear un lugar en el que las familias pudieran disfrutar juntas del entretenimiento. Este sueño se materializó en la idea de Disneyland, un parque temático que encarnaría la magia y la diversión para personas de todas las edades.
   - **Crecimiento empresarial:** a lo largo de los años, el sueño de Disney evolucionó para incluir no solo parques temáticos, sino también películas animadas, estudios de cine, resorts, cruceros y una amplia gama de productos de consumo. La empresa se convirtió en un gigante de la industria del entretenimiento, llevando la visión original mucho más allá de lo que Walt Disney podría haber imaginado inicialmente.
2. **Ford Motor Company**
   - **El sueño inicial:** Henry Ford, el fundador de Ford Motor Company, tenía un sueño claro: hacer que los automóviles

fueran asequibles para las masas. Quería que el automóvil dejara de ser un lujo exclusivo para convertirse en una comodidad accesible para todos.

- **Crecimiento empresarial:** el Modelo T de Ford, lanzado en 1908, fue un hito en la historia del automóvil. La visión de Henry Ford transformó la industria automotriz, haciendo que los automóviles fueran más asequibles y accesibles para millones de personas. Ford Motor Company creció para convertirse en una de las principales empresas automotrices del mundo, con un impacto duradero en la movilidad global.

3. **IKEA**
   - **El sueño inicial:** Ingvar Kamprad, fundador de IKEA, tenía un sueño aparentemente simple pero revolucionario: ofrecer muebles de calidad a precios asequibles para la mayoría de las personas. Quería democratizar el diseño y hacer que los muebles elegantes estuvieran al alcance de todos.
   - **Crecimiento empresarial:** IKEA comenzó como una pequeña empresa de venta de artículos para el hogar en Suecia. La visión de Kamprad se convirtió en un modelo de negocio innovador: muebles desmontables y empaquetados de manera eficiente para reducir costes. IKEA se expandió internacionalmente y se convirtió en un gigante minorista de muebles, manteniendo su compromiso original de ofrecer productos asequibles y bien diseñados para el hogar.

Como os he dicho antes, no siempre la empresa familiar es sinónimo de éxito. Puede que tenga un comienzo brillante, pero por diversos motivos —olvidar el legado, pérdida de control de la familia, egos, decisiones empresariales...—, estos sueños terminan desapareciendo. Identifiquemos algunos ejemplos para entender por qué sucede.

1. **Pescanova**
   - **El sueño inicial:** Pescanova, fundada en 1960 por José Fernández López, fue una empresa pesquera y procesadora de alimentos marinos. Su sueño era convertirse en una de las principales compañías pesqueras del mundo.
   - **El fracaso**: en 2013, Pescanova se declaró en quiebra después de descubrirse una deuda oculta significativa y problemas financieros internos. La mala gestión financiera y la falta de transparencia contribuyeron al colapso de la empresa, lo que llevó a la pérdida de empleos y afectó a la industria pesquera en España.

2. **Lehman Brothers**
   - **El sueño inicial:** aunque no era una empresa familiar en el sentido tradicional, Lehman Brothers fue fundada por tres hermanos alemanes —Henry, Emanuel y Mayer Lehman— en 1850. Su sueño era construir un negocio exitoso en el sector financiero y de inversiones.
   - **El fracaso:** Lehman Brothers se convirtió en una de las firmas de inversión más grandes y exitosas, pero su sueño se desmoronó de manera espectacular en 2008. La empresa fue una de las principales afectadas por la crisis financiera y se declaró en quiebra, marcando uno de los momentos más impactantes en la historia económica moderna.

3. **Marsans**
   - **El sueño inicial:** Marsans fue una empresa familiar española fundada en 1910 por Gerardo Díaz Ferrán. Inicialmente, la compañía se especializó en el negocio de viajes y turismo, convirtiéndose en uno de los principales grupos turísticos de España con presencia internacional.

- **El fracaso:** a pesar de su éxito inicial, Marsans enfrentó problemas financieros importantes a principios del siglo XXI. La empresa se expandió rápidamente y diversificó sus actividades, incluyendo la compra de aerolíneas y la entrada en el sector inmobiliario. Sin embargo, estas expansiones resultaron insostenibles y en 2010 se declaró en quiebra. La gestión financiera cuestionable y la crisis económica contribuyeron al colapso de Marsans, marcando uno de los fracasos empresariales más significativos en la historia reciente de España.

He relatado cómo la semilla de toda empresa familiar se siembra en el terreno fértil de los sueños compartidos y en las aspiraciones familiares. Esta idea es fundamental para comprender el origen de una empresa familiar, ya que destaca el impulso emocional y visionario que sirve como base para la creación del negocio. Como hemos podido ver por los ejemplos, algunas crecen y otras (por desgracia, por muchas malas decisiones) terminan por desgracia marchitándose.[11]

Esta idea del germen de las empresas familiares tiene varios aspectos claves.

1. **Sueños compartidos**
- En el núcleo de cada empresa familiar se encuentra un sueño compartido, que actúa como el motor impulsor. Este sueño puede abarcar desde la creación de un legado familiar duradero hasta la construcción de un imperio empresarial. Explorar cómo los miembros de la familia comparten y nutren estos sueños iniciales es crucial para comprender el tejido emocional que da forma a la empresa.

2. **Definición de los objetivos familiares**

---

[11] Por este motivo es fundamental dotar a la familia y, por ende, a la empresa familiar de normas y órganos que regulen su relación así como que protejan la cohesión familiar y refuercen la aplicación de los valores.

- Los sueños a menudo se traducen en objetivos específicos para la familia. Pueden ser la creación de empleo para futuras generaciones, la contribución a la comunidad o simplemente la realización de una visión particular de éxito. Desarrollar estos objetivos familiares conduce a una misión clara, que servirá como brújula en el viaje empresarial.

3. **Inspiración de experiencias de vida**

- Los sueños familiares a menudo se inspiran en las experiencias de vida, ya sea la superación de desafíos económicos, la observación de éxitos empresariales de otros o simplemente la búsqueda de una vida mejor para las generaciones futuras. Explorar estas experiencias proporciona una perspectiva rica sobre las motivaciones que existen detrás del sueño que impulsa la empresa.

4. **La chispa emprendedora**

- Identificar la chispa que enciende el espíritu emprendedor de la familia es esencial. Puede provenir de la insatisfacción con el *statu quo*, la identificación de una oportunidad de mercado o el deseo de crear algo propio. Comprender esta chispa revela la esencia del impulso emprendedor que alimenta la creación de la empresa familiar.

5. **Valores fundamentales**

- Los sueños familiares a menudo están intrínsecamente vinculados a los valores fundamentales. Ya sea la importancia de la integridad, la dedicación a la calidad o el compromiso con la responsabilidad social, estos valores actúan como cimientos sólidos que dan forma a la misión y la cultura empresarial.[12]

6. **La importancia de la comunicación**

---

[12] Dada su importancia e impacto, dedicaremos el capítulo 2 del protocolo que trabajaremos y estudiaremos más adelante.

- La comunicación efectiva dentro de la familia es vital para compartir y nutrir estos sueños. Las conversaciones abiertas y honestas sobre las aspiraciones individuales y colectivas crean una comprensión compartida y fomentan el apoyo mutuo. La forma en que se comunican estos sueños puede influir en la cohesión familiar y en la resiliencia durante los desafíos. [13]

7. **Evolución de los sueños** [14]
- Los sueños familiares no son estáticos, sino que evolucionan con el tiempo. Pueden adaptarse a medida que la familia crece, se enfrenta a nuevos desafíos y descubre oportunidades inesperadas. Seguir la evolución de estos sueños proporciona una narrativa dinámica del crecimiento de la empresa y la familia a lo largo de las generaciones.

8. **Creación de una misión empresarial**
- Transformar estos sueños en una misión empresarial es un paso crucial. La misión debe encapsular la esencia de los sueños familiares, proporcionando un marco para la toma de decisiones y la orientación estratégica. Desarrollar y comunicar esta misión es esencial para alinear a la familia y al equipo empresarial hacia objetivos comunes.

Explorar cómo el sueño se convierte en una misión familiar proporciona una perspectiva emocional y motivacional que subyace en la creación de la empresa. Es un recordatorio de que cada empresa familiar tiene una historia única, tejida con los sueños y aspiraciones de aquellos que la iniciaron.

---

[13] Mas adelante hablaremos de cómo contar el sueño, el relato de la empresa familiar. Cuando avancemos más, veremos la importancia de la comunicación en la resolución de conflictos.

[14] Tema relevante que trataremos más adelante en el punto 5.1, titulado «Dualidad: adaptabilidad y continuidad».

1.2.2. Contar el sueño: el relato de la empresa familiar[5]

Ese sueño que se convierte en realidad debe de ser contado, comunicado y transmitido. Aquí es donde surge el relato de la empresa familiar. Esa será la narrativa que la familia comparta sobre su origen, valores, logros y desafíos. Esta historia se transmitirá de generación en generación, formando la base de la identidad familiar y empresarial.

El relato impacta de forma directa tanto en el ámbito familiar como en la empresa familiar. Este impacto podrá ser positivo (si se cuida cultiva y enriquece ese relato) o negativo (si se traiciona, olvida o retuerce).

Veamos algunos de los impactos del relato tanto en la familia como en la empresa con la intención de aclarar la interacción conexión que existen entre ellas, aunque sean entes totalmente distintos.

Impacto en la familia

- Consolidación de identidad: la narrativa familiar fortalece el sentido de pertenencia y la identidad compartida. La existencia de un relato que pueda ser compartido entre los diferentes miembros de la familia, transmitiendo la identidad conjunta existente, aun dentro de la diversidad de los miembros de la familia, ejercerá de anclaje y estructura para el crecimiento de la familia.
- Valores transmitidos: el relato transmite los valores fundamentales de la familia, proporcionando una guía para las generaciones futuras. Como en la serie de *Juego de Tronos*, donde cada familia poseía una frase («Los Lanister siempre

---

[15] Veremos la importancia de la comunicación en la transmisión que fortalece la cohesión familiar, teniendo un capítulo (el 5) específico en nuestro protocolo familiar.

pagan sus deudas»). La inclusión de los valores en el relato los fortalece e integra en la conciencia colectiva de la familia, moldeando la forma de actuar no sólo en la empresa, sino también en la vida.

- Resiliencia familiar, orgullo de pertenencia: al incluir desafíos superados, el relato promueve la resiliencia y la adaptabilidad, así como el orgullo de formar parte de algo más grande que uno mismo: una historia, con la que ahora o más adelante se pueda tener una parte activa en ella.

Impacto en la empresa
- Definición de misión y visión: la historia familiar contribuye a la definición de la misión y visión de la empresa. Si bien para las empresas a secas la inclusión de las ideas de misión visión y valores podría considerarse reciente, para las empresas familiares era algo implícito en su ADN, ya que lo aportaba la familia, quizá no con esa nomenclatura, pero sí con el mismo impacto en el desarrollo de la compañía.
- Inspiración para colaboradores: el relato puede inspirar a empleados al resaltar el compromiso y la dedicación de la familia fundadora. La existencia de algo más que la mera cuenta de resultados, el poder ser parte de la familia y de su proyecto puede inspirar a las personas que trabajan en la compañía.
- Diferenciación competitiva: una narrativa auténtica puede diferenciar a la empresa en el mercado, conectando con clientes y socios. Al ser un relato de vida, no es algo creado por el *marketing*, es la historia de gente que puede inspirar, atraer negocio o talento, creando algo único que no es replicable por el mercado.

Así, podríamos concluir que el relato familiar no solo es una parte integral de la identidad familiar, sino que también sirve como cimiento para la cultura organizacional. Al comprender y potenciar esta conexión, las empresas familiares pueden capitalizar la riqueza de su historia para construir un futuro sólido y coherente con sus valores fundamentales.

Palabras clave: FAMILIA, SUEÑO, COMUNICACIÓN, RELATO, VALORES.

REFLEXIÓN

Tras comprender el entorno en el que nos desenvolvemos y reconocer la importancia de elementos intangibles, como los valores y el relato en la dinámica de la empresa familiar, podemos avanzar con una perspectiva más enriquecedora. Es esencial tener presente en todo momento que cualquier tema que abordemos o expliquemos estará intrínsecamente marcado por las particularidades únicas de la familia de la que emana.

Estas particularidades, que conforman la identidad y la historia de la familia, influyen significativamente en la manera en que la empresa familiar opera y evoluciona. Los valores, por ejemplo, no solo son guías abstractas, sino fuerzas que moldean las decisiones, las relaciones y la cultura empresarial. Comprender estos valores es esencial, ya que constituyen el núcleo de la toma de decisiones y la forma en que la familia se relaciona con el negocio.

De esta forma, como veremos más adelante, el protocolo familiar, como documento guía, se ve fuertemente influenciado por los valores arraigados en la familia. Estos valores no solo son menciones abstractas, sino que se traducen en políticas y directrices específicas dentro del protocolo y todas las normas. Por ejemplo, si la familia valora la transparencia y la inclusión, el protocolo podría incluir disposiciones que fomenten la comunicación abierta y la participación de todos los miembros en las decisiones clave.

Además, el relato familiar contribuye a la narrativa dentro del protocolo. Las experiencias pasadas, los éxitos y los desafíos pueden ser reconocidos y utilizados como lecciones aprendidas para orientar las futuras decisiones y acciones. El protocolo no solo se convierte en un documento legal, sino también en un registro narrativo que refleja la evolución de la familia y la empresa a lo largo del tiempo.

El relato familiar también desempeña otro papel crucial: la narrativa que ha evolucionado a lo largo de generaciones no solo proporciona contexto histórico, sino que también establece la base para la identidad empresarial. Cada éxito, desafío superado o lección aprendida contribuye a la trama única que influye en las expectativas y aspiraciones de la familia en relación con la empresa.

Es fundamental reconocer que las particularidades familiares van más allá de las estructuras organizativas o los procesos de negocio. Incluyen dinámicas interpersonales, roles familiares, tradiciones arraigadas y, a veces, desafíos emocionales. Estos aspectos deben ser considerados al abordar cualquier tema relacionado con la empresa familiar, desde la planificación estratégica hasta la sucesión y la resolución de conflictos.

De esta forma los órganos como la junta familiar o el consejo de familia se vuelven lugares cruciales para la expresión y la preservación de los valores familiares. La junta familiar, por ejemplo, puede ser el espacio donde se discuten y refuerzan los valores fundamentales, y donde se toman decisiones estratégicas que reflejan la identidad familiar.

El consejo de familia, por su parte, actúa en algunos momentos como un órgano consultivo que puede ser especialmente sensible a la historia y los valores familiares. Su papel no solo se limita a cuestiones empresariales, sino que también aborda dinámicas familiares, la resolución de conflictos y la planificación a largo plazo. Este consejo se convierte en el vehículo para traducir los valores familiares en prácticas concretas y políticas que afectan la empresa y la familia.

Este enfoque centrado en la familia agrega una capa de complejidad y riqueza a la gestión de la empresa. Las decisiones empresariales no solo se toman en función de análisis financieros, también se moldean teniendo en cuenta las relaciones familiares y la historia compartida. Este entendimiento profundo permite una toma de decisiones más informada y alineada con los valores fundamentales de la familia.

En resumen, avanzar en el contexto de una empresa familiar implica comprender las dinámicas empresariales y ser conscientes de las particularidades familiares que influyen en cada aspecto de sus normas y órganos. Este enfoque holístico es esencial para construir una empresa familiar sostenible que se alinee de manera armoniosa con los valores arraigados en el núcleo de la familia.

2. Diferencias entre normas y órganos

Tras entender el contexto en el que nos movemos y la importancia de elementos etéreos, como los valores el relato, que tienen un gran impacto en la familia y por ende en la empresa familiar, podemos seguir avanzando. No hay que olvidar en ningún momento que cualquier tema de los que comentemos y expliquemos estará marcado por las particularidades de la familia en la ha nacido la empresa.

Estoy seguro de que todos pensaremos que es algo obvio y claro la diferencia entre la norma y el órgano. Nadie confundiría las normas de funcionamiento del consejo de administración con el consejo de administración... ¿o sí?

Hemos de tener en cuenta, como ya dijimos en la introducción, que vamos a explorar y estudiar un entorno muy líquido, flexible y heterogéneo, lo que nos podría llevar en algún momento a confundir dónde termina uno y empieza otro.

Por centrar los conceptos, podríamos definir a efectos de este estudio las normas como las reglas o pautas establecidas que guían el comportamiento y las acciones dentro de una organización (esta puede ser la empresa o la familia; ojo, pueden ser distintas en cada caso). Pueden abarcar diversos aspectos, como la conducta ética, la forma de trabajar, la capacidad o no de actuar o de tomar determinadas decisiones, así como las políticas entre otros.

El propósito de estas normas es servir directrices para asegurar la coherencia y la eficiencia en las operaciones de la empresa, aquellas que son propias de la familia en el funcionamiento e interacción de todos los miembros que la componen, siempre respetando el legado y los valores familiares[16].

De esta forma, estas normas en el ámbito empresarial ayudan a establecer estándares y expectativas para que los empleados sepan cómo realizar sus tareas y comportarse en el entorno laboral. En el entorno familiar marcan líneas de actuación y requisitos para la interacción entre los distintos miembros y la toma de decisiones

A modo de ejemplo dentro de la empresa, están los estatutos sociales, la normativa del consejo, las normas de seguridad en el trabajo, las de calidad, las éticas y de conducta y las políticas de diversidad e inclusión, entre otros.

Dentro de la familia, están la **constitución familiar, el protocolo, los acuerdos de sucesión y las normas de formación,** por nombrar algunos. Como vemos, son distintos a los anteriores, pero pueden (y lo hacen) definir el contenido, la temática y las capacidades de la normativa de la empresa.

Por otro lado, encontramos los **órganos**, que son unidades estructurales que tienen funciones y responsabilidades específicas dentro de una organización. En el caso de las empresas, los más conocidos son la junta de accionistas, el consejo de administración y las principales comisiones (nombramientos, auditoría y riesgos ESG), pero también hay otras entidades cuya función es contribuir a la ejecución de las actividades empresariales.

---

[16] De nuevo surgen dos conceptos que ya hemos comentado y que volverán a salir más adelante, por lo que ya nos debería sonar la importancia que tienen los conceptos «legado familiar» y «valores familiares».

De nuevo, aquí encontramos diferencias dentro de la familia, ya que esta tiene sus propios órganos y puede que a veces se confundan (por ejemplo, en el caso que el consejo de administración y el **consejo de familia** tengan los mismos miembros). Por ese motivo, hemos de tener claro que las funciones roles y actuaciones son muy diferentes. Los más comunes dentro de las familias son la **Junta Familiar**, el Consejo de Familia/s, el Consejo Familiar ejecutivo y las diversas comisiones o subróganos, siendo los más reseñables el de formación/educación, sucesión y el económico, entre otros.

Al igual que las normas, los órganos tienen el propósito principal de distribuir las responsabilidades y funciones dentro de la empresa y de la familia. Cada órgano tiene un papel específico en la toma de decisiones y en la ejecución de tareas relacionadas con su área de competencia. Esto es sumamente importante, ya que a veces puede darse el caso de determinadas extralimitaciones en pos de la agilidad o velocidad, lo que no es algo que yo pueda recomendar, siempre y cuando las responsabilidades y funciones de los órganos de la familia hayan quedado bien y claramente definidos. No hablo de los de la empresa, ya que aquí existen normas legales y jurídicas que se encargan de esta parte principalmente, aunque existe una cierta libertad en su definición y creación.

Los principales dentro de la empresa, como ya hemos comentado, son la Junta General, el Consejo de Administración y los principales comités. Por su parte, dentro de la familia encontramos la Junta Familiar, el Consejo de Familia, la Comisión de Formación y la de Sucesión de nombramientos

En resumen: las normas son reglas y pautas que guían el comportamiento y las operaciones dentro de una empresa, mientras que los órganos son unidades estructurales que conforman la organización y que tienen funciones específicas para lograr los objetivos de la empresa. Ambos son elementos importantes para el funcionamiento efectivo y la gestión de una organización.

3. Normas

Ya hemos definido qué son las normas, pero me gustaría profundizar en los tres aspectos vitales tener en cuenta que toquen o pueden tocar la propiedad, el gobierno y la dirección. Me centraré en estos tres aspectos, tanto a nivel de la familia como de la empresa.

Analizaremos las normas principales o las más usadas. De nuevo, quiero insistir en la idea de que no hay unas normas o reglas generales aplicables a todas las familias, por lo que es responsabilidad de cada una de ellas encontrar y definir sus normas y órganos, que deben ser guiados por los valores propios de cada familia.[17]

Antes de comenzar, creo que debemos de hacer una pequeña reflexión, ya que vamos a hablar de normas y más delante de los

---

[17] Aquí me gustaría resaltar una idea particular: la igualdad de todos los miembros de la familia en la familia es básica, no así dentro de la empresa. Discutiremos más adelante conceptos como «la empresa para quien la trabaje» o mantener el equilibrio entre todos los miembros, sean o no parte activa de la empresa. Pero esto en ningún caso es aplicable, según mi criterio, a lo que sea estrictamente del ámbito familiar, donde la igualdad debería ser predominante.

órganos, ¿pero por qué?, ¿es necesario?, ¿los queremos?, ¿son necesarios?

Si no existe la unidad familiar, el compromiso y la voluntad de seguir juntos en el proyecto empresarial de la familia, la empresa familiar no funcionará. Todo lo que estamos tratando en este libro está enfocado a dar sentido y facilitar la convivencia de la familia y la empresa, el ámbito personal y el mercantil. Deseamos encontrar el equilibrio entre ambos mundos para que tanto la familia como la empresa prosperen.

Así, veremos normas (y, más tarde, órganos[18]) cuya función será cuidar de las relaciones interfamiliares, mientras que otros estarán enfocados en dar cobertura y orden a la gestión y sostenibilidad de la empresa. Como decía, debemos tener claro que, aun siendo ámbitos diferentes (empresa y familia) y en algunas ocasiones parecer opuestos, se necesitan y cuidando de uno, lo estamos haciendo del otro

Dar a la familia cobertura y espacio es el eje del que se debe partir, sin olvidar regular y proteger todos los aspectos mercantiles y económicos (que se gestionan en órganos ajenos a la familia[19]); las decisiones pueden partir de acuerdos y órganos familiares.

Dotarse de unas normas claras para la mayor parte de las situaciones (seguro que puede surgir alguna desconocida, pero cubrir las principales será nuestra responsabilidad) ayudará a la familia y evitará conflictos, protegiendo a la empresa y a las nuevas generaciones, cuando los fundadores no estén presentes.

Me permito tomar prestadas las preguntas del gran profesor Josep Tàpies, cuestiones que todos los miembros de la familia propietaria deberían plantearse antes de iniciar el proceso de crear normas y órganos; es decir, de ser una familia empresaria:

* ¿Qué pienso de la empresa familiar?

---

[18]   Como son la Junta (asamblea) Familiar o el Consejo de Familia.
[19]   Como son el Consejo de Administración y la Junta General de Accionistas.

- ¿Cómo me siento en la empresa familiar?
- ¿Y en la familia?
- ¿Qué espero de la empresa familiar?
- ¿Cómo actúo en la empresa familiar?

Lo que se busca es ver el nivel de cohesión de voluntad y visión compartida para entender si hay una base sólida sobre la que construir y avanzar. Si no es así, quizá los esfuerzos puestos en el desarrollo de estas normas deberían utilizarse en otro sentido[20].

Tener el mismo apellido y compartir sangre no nos lleva a que todos tengamos que estar interesados en lo mismo o a compartir la misma forma de entender la vida. Eso no solo es lícito, sino que además es enriquecedor. Debemos ser conscientes de ello y dar a la familia desde esa realidad lo que realmente necesite.

Con todo, si hemos encontrado ese espacio común, esa visión compartida[21], debemos dotarnos de los instrumentos que nos ayuden a llevarla a cabo y hacer que crezca protegiendo a la familia e impulsando a todos sus miembros.

3.1. Constitución familiar (el libro olvidado)

No es una norma de las más usadas y la mayoría vienen de situaciones antiguas heredadas. Hoy en día, se podría definir como las reglas, obligaciones y derechos que un individuo tiene por el mero hecho de nacer o pertenecer[22] a una familia.

---

[20] Preparando una separación ordenada de las participaciones familiares, por ejemplo.

[21] Recordemos el punto 1.2 sobre el legado y el relato familiar.

[22] Hemos de tener en cuenta que ser de la familia puede darse por nacimiento y lazos de sangre; en determinados casos, puede que por una unión se entienda miembro de pleno derecho de la familia con todo lo que ello conlleva. Como vemos cosas que en una familia al uso no se plantea en determinadas situaciones, es mejor anticiparse y tenerlo en cuenta.

Que no haya muchas en uso hoy y se haya optado más por el protocolo familiar se debe principalmente a que las tradiciones y costumbres en las familias son más flexibles o etéreas, si bien he de decir que, de forma no sé si consciente o inconsciente por quien los redacta, he encontrado en diversos protocolos familiares la presencia de normas que son propias de la constitución familiar.

Así, la constitución familiar marca el ámbito amplio de actuación de todos los miembros de la familia por el mero hecho de pertenecer a ella. Es decir, es aplicable a todos los miembros de la familia, sean o no propietarios de la empresa familiar.

Veamos un ejemplo para mayor claridad: una regla incluida en la constitución familiar afectaría igual a dos hermanos y a su padre, están vinculados a ella por el mero hecho de ser familia. Por otra parte, una regla que haga referencia a los accionistas (pacto de socios, alguna parte del protocolo familiar) solo afectaría a quien de ellos fuera titular y propietario de las acciones.[23]

Así, en la constitución familiar se establecerán pautas, cuyo objetivo final es mantener la **cohesión y el consenso** dentro de la familia, ayudando a crear un espacio común y compartido, en el que todos los miembros de la familia (propietarios o no) se sientan reconocidos y valorados como tales. Pero teniendo claro que las decisiones relacionadas con el negocio corresponde tomarlas a los accionistas.

La constitución es el paraguas que cubre a todos los que son miembros de la familia, no entrando a valorar acciones o gestiones de la propiedad familiar, pero sí dando un ámbito común y de igualdad a todos los familiares. El reflejo de esta norma en

---

[23] Podría darse el caso que hubiera una separación entre el usufructo económico y la nuda propiedad de las acciones. En ese caso se debería estudiar a quién afectaría. Sin embargo, al ser un caso particular no entraremos a valorarlo para así evitar posibles confusiones.

los órganos de la familia es la junta familiar, de la que todos los miembros de la familia forman parte y pueden participar.[24]

Como os decía, es una norma muy en desuso. Gran parte de su contenido se ha unificado en un solo documento de referencia para la normativa que afecta a la familia, ya sean solo familiares o familiares propietarios[25], aunque no todo se vuelca actualmente dentro de los protocolos familiares, lo que ha facilitado la gestión y comprensión.

3.2. Protocolo familiar (la estrella)

Existen numerosos trabajos[26] y desarrollos en torno a esta norma, ya que se ha convertido en la herramienta principal para gestionar temas tan relevantes como la formación, incorporación de nuevos miembros, la sucesión y la gestión de la transmisión de la propiedad... entre otros. Busca mantener la cohesión y evitar los conflictos dentro de la familia, estableciendo normas claras y procesos para la toma de decisiones que ayuden a la gestión tanto de la empresa como de la familia. Facilita su interacción, pero defiende su separación.

Podríamos definir el protocolo familiar como los acuerdos y procedimientos establecidos dentro de una familia con el propósito de gestionar asuntos internos, decisiones y relaciones. Este protocolo puede abordar cuestiones como la comunicación, la toma de decisiones, la resolución de conflictos, la sucesión y otros

---

[24] Obviamente, existen limitaciones en cuanto a la edad a la hora de votar cualquier acuerdo, pero una constitución igualitaria te da ese derecho desde que naces. Sería algo equiparable a la nacionalidad.

[25] Diferencia para tener en cuenta a la hora de las construcción y aplicación de las normas.

[26] Por nombrar algunos, *La empresa familiar: protocolo familiar y constitución*, de Josep Tàpies y Josep Lluís Cuchi. *La empresa familiar: retos y estrategias en el siglo XXI*, de José Manuel Pastor. *Protocolo familiar: guía práctica para su desarrollo*, de Josep Tàpies y Josep Lluís Cuchi.

aspectos relevantes para la convivencia familiar. Por ende, tendrán un impacto directo en las decisiones y gestión empresarial.

Vemos que el protocolo se convierte en la norma fundamental, en el eje sobre el que pivotará la interacción familia empresa y, como ya dijimos, también entrará a regular o definir aspectos puramente familiares. Siendo una norma tan importante, ¿qué incluye?, ¿quién se encarga de hacer este protocolo?, ¿cómo se aprueba? Son preguntas que debemos saber contestar.

Empezaremos a ver qué temas se incluyen dentro del protocolo familiar, ya que por lo que hemos venido comentando parece que todo tiene cabida dentro de él.

En mi experiencia, los puntos que suele tocar un protocolo familiar son tan diversos como lo son las familias de las que nacen, pero son comunes[27] en todos ellos los siguientes puntos.

- Definición del ámbito de la familia y valores (punto, a mi entender, puramente de la constitución familiar, ya presente en los protocolos)
- Método y forma de interacción de la familia con la empresa familiar
- Desarrollo y cuidado de las próximas generaciones
- Interacción de los miembros políticos con la familia y con la empresa familiar, llegado el caso
- Transmisibilidad de las participaciones de la EF, *Family Office,* etc.
- Órganos de gobierno y gestión de la familia

Siguiendo vuestras peticiones, me he permitido desarrollar estas ideas en secciones y capítulos para ver un documento que serviría para tener una estructura base como la que sigue (pero repito: debe ser adaptada a cada caso).

---

[27] Con base en los textos revisados y conversaciones mantenidas con sus autores o receptores.

1. **Introducción y objetivos**
   - Descripción de la familia y la empresa
   - Objetivos y propósito del protocolo familiar
2. **Valores y principios**
   - Enumeración de los valores fundamentales de la familia.
   - Principios éticos y morales que guían las acciones familiares y empresariales
3. **Gobierno y toma de decisiones**
   - Estructura de gobierno familiar y empresarial. Definición de órganos, composición
   - Procedimientos para la toma de decisiones, tanto a nivel familiar como empresarial. Tipos de materias y mayorías necesarias para los acuerdos
4. **Roles y responsabilidades**
   - Definición de roles y responsabilidades de los miembros familiares en la empresa
   - Procedimientos para la incorporación de nuevos miembros y la gestión de sucesiones
5. **Comunicación**
   - Normas de comunicación efectiva entre los miembros familiares y en el ámbito empresarial
   - Procedimientos para la resolución de conflictos.
6. **Educación y desarrollo**
   - Programas de educación y desarrollo para los miembros familiares involucrados (o que quieran involucrarse) en la empresa
   - Fomento del aprendizaje continuo y la adquisición de habilidades relevantes
7. **Propiedad y finanzas**
   - Estructura de propiedad de la empresa familiar. Transmisibilidad de las participaciones, limitaciones y preferencias

- Políticas financieras, distribución de beneficios y reinversión en la empresa

8. **Planificación sucesoria**
   - Estrategias y planificación para la sucesión generacional
   - Consideraciones emocionales y financieras en la transición

9. **Confidencialidad**
   - Normas de confidencialidad sobre asuntos familiares y empresariales
   - Protección de la privacidad de los miembros familiares

10. **Disposiciones legales**
    - Cumplimiento de las leyes y regulaciones relevantes
    - Documentación legal relacionada con la empresa y la familia

Con esta estructura tocaríamos los puntos básicos para dotar a la familia de un instrumento ayude a la gestión, tanto de la familia como de la empresa, procurando dar cobertura a las necesidades e inquietudes de ambos grupos.

Iremos entrando en cada uno de ellos, profundizando y dando algunos ejemplos, si bien en la parte de los órganos, al ser algo tan vital, los trataremos de forma específica más adelante y en primer lugar solo veremos las áreas de interacción de estos con el protocolo.

Siguiendo vuestras recomendaciones y comentarios, abordaremos este trabajo sobre el protocolo con base en la estructura comentada, evitando adentrarnos en la redacción específica de los artículos. En su lugar, identificaremos cada capítulo y sección, proporcionando comentarios sobre las ideas principales, si bien en algún caso para mayor claridad incluiré algún texto específico que nos pueda servir de guía y ayuda.

Para facilitar este proceso, he preparado un breve *collage* que recoge elementos relevantes de varios protocolos familiares[28].

---

[28] Aprovecho de nuevo para agradecer a todos los que han contribuido y permitido el acceso a los documentos originales para este trabajo. ¡Gracias!

Este *collage* pretende extraer los puntos más relevantes de distintos protocolos familiares con la intención de ofrecer una visión didáctica sobre qué elementos debería incluir un protocolo familiar.

Pasemos a analizar con más detalle cada bloque del protocolo, parándonos en cada uno a través de un ejemplo, para comentar las partes y las particularidades que puedan existir en cada caso.

1 INTRODUCCIÓN Y OBJETIVO[29]

En este capítulo se dará una introducción, algo que pueda ser punto de unión para todos los miembros de la familia y que sirva de creación de ese espacio común que va a ser todo el documento. Así, se detallará la historia y la naturaleza de la familia y la empresa, un relato que ya hemos comentado.[30]

Puede incluir información sobre la fundación de la empresa, sus valores fundamentales, la visión original y cómo ha evolucionado a lo largo del tiempo. Es decir, es algo de literatura para introducirnos y marcarnos el espíritu que tendrá el texto y las personas que lo componen.

Así, ese primer párrafo podría ser algo en la siguiente línea, adaptado a cada a familia:

Este protocolo familiar tiene como objetivo principal establecer las bases para la gestión efectiva de nuestra empresa familiar. Buscamos preservar los valores que han sido fundamentales para nuestra familia y nuestra empresa a lo largo de los años. Además, nos esforzamos en facilitar la transición generacional de manera armoniosa, asegurando la continuidad del negocio y la prosperidad de las futuras generaciones.

Como vemos, aquí se han incluido aspectos como la preservación de los valores familiares, la continuidad del negocio a lo largo de generaciones, la armonía entre los miembros familiares y la sostenibilidad a largo plazo de la empresa.

El propósito del protocolo se detalla para proporcionar una guía clara sobre lo que se pretende lograr, basándose en el relato familiar y sus valores principales.

Me permito poner aquí la primera parte de nuestro *collage* de protocolo basado en protocolos reales para que sea más fácil comprender esos conceptos.

---

[29]   Ver *Conversaciones familia Palote*, pág. 239
[30]   Revisar en caso de duda el punto 1.2 Legado y relato familiar.

Preservación de valores familiares

Reconociendo que nuestros valores familiares son el fundamento de nuestra identidad y éxito, nos comprometemos a inculcar y preservar estos principios en cada generación. Estos valores incluyen la integridad, el respeto mutuo, la responsabilidad social y el espíritu de colaboración[31].

Continuidad del negocio a lo largo de generaciones

Con el objetivo de asegurar la viabilidad y prosperidad continua de nuestro negocio familiar, establecemos procesos y estructuras que faciliten la transición suave entre generaciones[32]. Nos comprometemos a fomentar la innovación y la adaptabilidad, manteniendo al mismo tiempo los aspectos fundamentales que han sido la piedra angular de nuestro éxito.

Armonía entre los miembros familiares

Reconocemos que la armonía familiar es esencial para el éxito de nuestra empresa. Nos comprometemos a fomentar la comunicación abierta, la escucha activa y la resolución pacífica de conflictos. Establecemos mecanismos para abordar las diferencias y promover un entorno donde cada miembro se sienta valorado y apoyado[33].

---

[31] Los valores son particulares de cada familia, son rectores y sirven de apoyo en momentos en los que hay que abordar decisiones complicadas. Los aquí puesto son solo ejemplos, aunque están basados en una realidad concreta.

[32] Ya empieza a quedar claro uno de los puntos más importantes y conflictivos en las empresas familiares: la sucesión y todo lo que hay antes y después de ella. Antes, está la formación, la preparación de los miembros familiares y/o externos. Posteriormente está la incorporación, sus formas y modelos.

[33] Como ya se ha comentado, la cohesión y unidad familiar forman el eje sobre el que pivota el éxito de las empresas familiares. ¿Eso quiere decir que siempre se esté de acuerdo en todo y que todos tengan que decidir lo mismo? Claro que no. Pero sí hay que dar espacio para que todos se sientan valorados y escuchados, sea cual sea su implicación en el día a día de la empresa.

Sostenibilidad a largo plazo de la empresa

Conscientes de nuestra responsabilidad hacia las generaciones futuras, nos comprometemos a adoptar prácticas comerciales sostenibles y éticas. Establecemos metas medioambientales y sociales, integrando la sostenibilidad en todas las decisiones comerciales. Aspiramos a dejar un legado positivo para las futuras generaciones.

Este protocolo familiar pretende ser una guía integral que asegure la cohesión de la familia, la continuidad del negocio y una contribución significativa a la sociedad. Establecemos estas directrices para crear un marco que fortalezca nuestra identidad como familia y asegure el éxito sostenible de nuestro legado empresarial.

Tras esa introducción, se debe avanzar y profundizar. Creo que también es importante que incluya una referencia a la estructura familiar y cómo se vincula con la empresa, ya que esta idea servirá de enganche/apoyo a otras partes del documento.

Continuamos con nuestro *collage*, que podría contener los siguientes artículos:

1.1 Estructura familiar

La Familia PALOTES se compone actualmente de XX miembros, distribuidos entre XX ramas. Reconocemos la diversidad de talentos, habilidades y perspectivas que cada miembro aporta a nuestra familia. La estructura familiar está compuesta por los fundadores, los miembros activos en la empresa y aquellos que participan en roles de apoyo.

1.2 Vínculo con la empresa

La empresa PALOTES PALOTILES, fundada por SR. PALOTE Y LA SRA. PALOTILES en XXX, representa la manifestación de nuestros valores familiares en el ámbito empresarial. Reconocemos que la empresa ha sido un catalizador significativo en nuestra historia familiar y ha desempeñado un papel crucial en nuestra identidad colectiva. Actualmente, XX miembros de la familia participan activamente en diversas funciones dentro de la empresa.[34]

1.3 Roles y responsabilidades

Cada miembro de la familia tiene roles y responsabilidades específicos, tanto en la familia como en la empresa. Estos roles se asignan teniendo en cuenta las habilidades individuales, las aspiraciones profesionales y la necesidad de garantizar una gestión eficiente de la empresa. Se fomenta la colaboración y el apoyo mutuo para lograr los objetivos familiares y empresariales.[35]

1.4 Participación en decisiones empresariales

La participación en decisiones estratégicas y operativas de la empresa está abierta a todos los miembros interesados. Establecemos procesos formales para la toma de decisiones, que permitan la contribución activa de cada miembro, ya sea directamente involucrado en la empresa o brindando asesoramiento desde su experiencia y perspectiva única[36].

1.5 Incorporación de nuevos miembros

Establecemos un proceso transparente para la incorporación de nuevos miembros a la empresa, ya sean familiares o no familiares. Este proceso incluye evaluaciones de habilidades, progra-

---

[34] Aquí también se podría hacer referencia a aquellas personas que forma no directa ocupan puestos o cargos en la empresa, pero sí en áreas o estructuras del perímetro, como son las fundaciones.

[35] Se reconoce la diversidad de talento e implicación de cada miembro: siendo todos de la misma familia, no todos somos iguales.

[36] Como vemos, está diciendo que participarán, pero no que todos decidirán; se reconoce la diversidad y lo que puede aportar, pero se deja claro que las decisiones estratégicas y operativas solo corresponden a los propietarios. Así debe quedar definido en los procesos formales correspondientes.

mas de integración y una comunicación clara de las expectativas. Buscamos garantizar una transición suave y la continuidad de la cultura empresarial y familiar.

1.6 Sucesión y continuidad empresarial

Reconocemos la importancia de una planificación de sucesión efectiva. Establecemos procedimientos claros para la sucesión generacional, asegurando la continuidad del liderazgo y la gestión competente de la empresa en el futuro. Este proceso se desarrollará con el compromiso de preservar la esencia y los valores que han sido fundamentales para nuestra familia y empresa.

Este protocolo busca establecer una conexión sólida entre la estructura familiar y la empresa, reconociendo la importancia de ambas en la construcción y preservación de nuestro legado familiar.

Hasta ahora, estamos tratando de crear un ámbito común para todos los de la familia, así aquí debemos identificar qué es la familia y quién es de la familia (solo aquellos que tengan el apellido, los que lo tengan, pero además lo puedan transmitir, quien esté casado con un familiar, un hijo adoptivo, un exmarido, una exmujer...), ya que hay que establecer de forma unívoca sobre quién tendrán efecto las obligaciones y derechos de este documento.

La práctica que he visto más habitual es hacer un listado inicial de los miembros directos, incluyendo parejas[37] e indicando los descendientes directos de estos que, llegados a la mayoría de edad, firmarán su adhesión a este documento[38].

---

[37] Aquí he visto casos en los que solo las parejas con documentación se han admitido y otros en los que se admiten todo tipo de uniones, transcurridos unos determinados años.

[38] También he visto que se incluya en este capítulo la cobertura en el caso que antes de la mayoría de edad pasasen a ser propietarios de las acciones de la empresa familiar, pero a mi entender tiene más sentido incluirlo en

Ya vemos que, nada más empezar este documento, ya nos encontraremos con puntos que la familia deberá definir con la mayor claridad para evitar cualquier conflicto o una mala interpretación en el futuro, que pueda perjudicar al desarrollo de la empresa y, sobre todo, a la cohesión familiar.

Preguntas como: ¿qué es ser miembro de esta familia?, ¿quién es miembro de esta familia? Pueden parecen preguntas simples y de respuesta obvia, pero toman otra dimensión cuando las vemos bajo el prisma de la familia empresaria y la definición de su protocolo familiar.

Así hacen un trabajo de construcción involucrando a todos ayudara a sentar una base inicial que más delante sirva como escudo ante posibles incidencias o problemas (por que creedme siempre surgen)

Usaré como ejemplo un texto que, fue considerado de buena voluntad cuando se redactó (fue muy moderno en su época), pero que traería muchos quebraderos de cabeza en los momentos actuales.

2: Definición de la familia y sus miembros

2.1 Definición de la familia

Para los propósitos de este protocolo, la Familia PALOTE se define como un grupo cohesionado por lazos sanguíneos, afectivos y/o legales. Reconocemos que la familia es una entidad dinámica que puede incluir a miembros consanguíneos, cónyuges, parejas de hecho, hijos adoptivos y aquellos que, a pesar de no tener lazos biológicos, son considerados y tratados como miembros familiares.

---

la transmisibilidad de la propiedad. Ahí sí recalcaría la importancia de que quien obtenga la propiedad, siendo de la familia, debe adherirse al protocolo de forma obligatoria.

2.2 Miembros de la familia

Los miembros de la Familia PALOTE incluyen a todos aquellos que comparten vínculos familiares según la definición anterior. Esta definición abarca a los fundadores, cónyuges, hijos biológicos, hijos adoptivos, parejas de hecho y cualquier otro miembro que sea reconocido como parte integral de la familia. La participación en eventos familiares y el acceso a información familiar están abiertos a todos los miembros bajo esta definición.

2.3 Casos de divorcio

En caso de divorcio, ambos cónyuges mantendrán su estatus como miembros de la Familia PALOTE. Sin embargo, se establecerán acuerdos específicos para la participación en eventos familiares y decisiones relacionadas con la empresa. Ambos cónyuges serán alentados a colaborar de manera respetuosa para preservar la armonía y el bienestar de la familia extendida.

2.4 Adopción

La adopción se considerará una forma igualmente válida de formar parte de la familia. Los hijos adoptivos serán plenamente reconocidos como miembros con los mismos derechos y responsabilidades que los hijos biológicos. Se promoverá un ambiente de inclusión y apoyo para todos los miembros de la familia, independientemente de su origen biológico o legal.

Como vemos, en el texto hay realidades, situaciones que no se tocan y tampoco se especifica qué significa pertenecer a la familia.

Sé que es imposible incluir toda la casuística que se puede dar en las relaciones interpersonales y situaciones de vida en un documento, pero eso no es óbice para que no nos dotemos de un mecanismo y un proceso claro para poder decidir en esos casos. Si no lo hacemos así, llegado el caso se pueden producir conflictos o tensiones que afecten a la cohesión y unidad familiar.

De nuevo, usaremos un ejemplo para poder profundizar y entender mejor la necesidad de esta parte.

Sección 3: mecanismo y proceso para la admisión de miembros y solución de circunstancias no previstas en el protocolo.

3.1 Mecanismo para decidir quién es miembro

El ingreso de nuevos miembros a la Familia PALOTE se determinará mediante un mecanismo y proceso claro y transparente. Cualquier persona que no porte el apellido Palote y que desee ser reconocida oficialmente como miembro deberá someterse a este proceso, que incluirá una evaluación integral por parte del Consejo de Fundadores y, en su caso, la aprobación final por el Consejo de Familia[39].

3.2 Consejo de Fundadores[40]

El Consejo de Fundadores, compuesto por los miembros originales que establecieron la empresa y la familia, desempeñará un papel crucial en la evaluación de nuevas adiciones a la familia. Este consejo evaluará la idoneidad y alineación de los valores de los solicitantes con los principios fundamentales de la familia y la empresa.

---

[39] Aquí se olvidaron de especificar de forma clara el proceso, documentos y mayorías para su aprobación. Se desarrolló posteriormente en un trabajo comisión formada por miembros del Consejo de Familia, fundadores y miembros específicos de la familia. Fue aprobado en la Junta Familiar.

[40] Como vemos, empiezan a aparecer órganos propios de las empresas familiares; en este caso lo denominan consejo de fundadores, aunque este órgano también puede llevar otras nomenclaturas, como comité consultivo o consejo de sabios. Lo importante no es el nombre, sino quién lo forma, por qué se crea y cuáles son sus funciones y atribuciones.

3.3 Consejo de Familia[41]

El Consejo de Familia, representando a los miembros activos y aportando diversas perspectivas, revisará las recomendaciones del Consejo de Fundadores y tomará decisiones finales sobre la admisión de nuevos miembros. Este proceso garantiza una participación más amplia y una toma de decisiones colectiva en asuntos relacionados con la composición de la familia.

3.4 Evaluación de candidatos

Los candidatos serán evaluados con base en criterios predefinidos, que pueden incluir:

a. **Afinidad con los valores familiares**

Demostrar comprensión y respeto por los valores fundamentales de la familia, como la integridad, la colaboración y la responsabilidad[42].

b. **Contribución positiva**

Mostrar la capacidad de contribuir de manera positiva al bienestar general de la familia, ya sea a través de participación en eventos familiares, en forma de apoyo emocional o con contribuciones significativas a la comunidad.

c. **Alineación con el protocolo familiar**

Comprometerse a seguir y respetar el protocolo familiar establecido, demostrando la disposición para integrarse en la cultura y las normas de la familia.

d. **Habilidad para contribuir al negocio**

En el caso de involucramiento en la empresa, demostrar habilidades y capacidades que puedan contribuir al éxito continuo del negocio familiar.

---

[41] Órgano dentro de la familia que podría ser equivalente al consejo de administración de una empresa. Suele estar formado por los miembros más respetados de la familia, incluyendo a aquellos que ocupan cargos ejecutivos o de control en la empresa familiar.

[42] Estos valores son los específicos de este caso; como dijimos, el protocolo debe adaptarse a las particularidades propias de cada familia.

3.5 Registro y comunicación

Una vez que se haya aprobado la admisión de un nuevo miembro, se actualizará un registro familiar oficial[43]. Se comunicará de manera clara y respetuosa la aceptación al solicitante y se facilitará la integración gradual en eventos familiares y en la participación en decisiones familiares y empresariales.

Como vemos, con un trabajo previo e intentando hacerlo de la forma más sencilla posible, se puede dotar a la familia de los instrumentos necesarios para poder enfrentar con éxito los retos que la propia vida nos pone delante.

Permitidme contar una anécdota: en una familia, uno de los accionistas empezó a tener un comportamiento y acciones que podemos definir como inapropiadas. Por el contrario, su pareja, sin estar involucrada en la gestión empresarial, hacía una función de unión y consenso en toda la familia (ocho generaciones). Ambos se divorciaron. Por el protocolo que tenían, la pareja, al no portar el apellido y divorciarse, perdía la condición de miembro de la familia. Pues gracias a la existencia de unos mecanismos claros y bien definidos, aun con la oposición del miembro de la familia que era su expareja, se mantuvo a la pareja como miembro de la familia de pleno derecho, una decisión que a la larga se demostró como un gran acierto para toda la familia.

Avancemos. Ya hemos visto quién forma parte de la familia, ¿pero eso qué significa? El protocolo también debería entrar a dar un marco que definiese qué implicar ser miembro de la familia, tanto en las obligaciones como en derechos.

De esta forma, si avanzáramos en nuestro hipotético texto podríamos seguir con el siguiente punto.

---

[43] Este registro es diferente al de accionistas, recordemos que no todos los miembros de la familia tienen por qué ser accionistas. Cumple el mismo propósito que este, con la salvedad de lo referente a los temas relacionados con la familia (convocatoria a la junta familiar, información de novedades o noticias destacables...).

Sección 4: obligaciones y beneficios de ser miembro de la familia

4.1 Obligaciones

Ser miembro de la Familia PALOTE implica el compromiso con ciertas obligaciones que reflejan nuestro respeto por los valores fundamentales y el deseo de preservar la armonía y el éxito a lo largo de las generaciones. Estas obligaciones incluyen:

- **Respeto a los valores familiares**[44]

  Compromiso activo con los valores que definen a nuestra familia, como la integridad, el respeto mutuo y la colaboración.

- **Participación activa en eventos familiares**[45]

  Asistencia y participación en eventos familiares diseñados para fortalecer los lazos afectivos y fomentar la cohesión familiar.

- **Apoyo a la empresa familiar**

  Se aplican en el caso de aquellos miembros involucrados en la empresa: contribución activa y comprometida para el éxito continuo del negocio, respetando las políticas y decisiones establecidas.

- **Comunicación abierta**[46]

  Compromiso con una comunicación abierta y honesta, especialmente en situaciones que puedan afectar la dinámica familiar o empresarial.

---

[44] Este punto ha de mantener la coherencia con el referido a los valores propiamente, donde se especifican y recomiendo que se definan.

[45] Deberán quedar especificados en periodicidad, formato y objetivo en el protocolo o, en su defecto, en un documento aprobado por la junta de familia.

[46] La comunicación, uno de los ejes vertebradores de la cohesión y unión familiar, debe estar trabajada, cultivada y defendida en todo momento. Una buena comunicación puede transformar grandes dificultades en oportunidades dentro de la familia, mientras que una mala puede hacer que un problema nimio se lleve por delante la familia y por ende la empresa familiar.

- **Seguir el protocolo familiar**[47]

  Adherirse y respetar las disposiciones y pautas establecidas en este protocolo familiar.

4.2 Beneficios[48]

Ser miembro de la Familia PALOTE conlleva beneficios significativos que enriquecen la experiencia familiar y promueven un ambiente de apoyo mutuo. Estos beneficios incluyen:

a. **Red de apoyo**

  Acceso a una red de apoyo emocional y práctico, proporcionada por otros miembros de la familia.

b. **Participación en decisiones familiares**

  Para los miembros activos en el Consejo de Familia, la oportunidad de participar en la toma de decisiones importantes que afectan a la familia y la empresa.

c. **Herencia y legado**

  Participación en la construcción y preservación del legado familiar, con la posibilidad de transmitir valores y tradiciones a las generaciones futuras.

d. **Participación en la empresa familiar**

  Para aquellos involucrados en la empresa, se trata de la oportunidad de contribuir al éxito del negocio y beneficiarse de sus logros.

---

[47] Aun pareciendo algo obvio, debe existir una adhesión por escrito al protocolo de todos los miembros de la familia, sean o no propietarios de la empresa familiar.

[48] Los beneficios, como siempre, dependerán de la familia y de la situación económica, por lo que la recomendación es ser claro en su definición y descripción, desarrollando el proceso y las mayorías necesarias para modificar los acuerdos iniciales.

e. **Desarrollo y crecimiento personal**

Oportunidades para el desarrollo personal y profesional a través de programas de educación, mentoría y experiencias compartidas.

Vemos aquí que las descripciones no son intensivas, pero sí nos dotan de un marco relacional claro, que todos los miembros de la familia deben cumplir y pueden beneficiarse.

He visto protocolos familiares en los que, por el mero hecho de pertenecer a la familia, puedes tener acceso a una renta anual garantizada. También he visto otros que exigen que se alcance una determinada maestría antes de una edad para poder seguir siendo de la familia.

Lo importante es que refleje los valores y el espíritu de la familia y se encuentren balanceadas, tanto las obligaciones como los derechos, que existan por ser miembro de la familia.

En casos puntuales he visto que se marcan diferencias entre los diferentes miembros de la familia cuando existen determinados beneficios económicos o de uso de propiedades. Esto puede ser una solución siempre que las diferenciaciones se hagan desde la igualdad y el equilibrio. De otra forma, se convierte en una semilla para conflictos futuros.

2 VALORES Y PRINCIPIOS[49]

En esta sección, el protocolo debe analizar y exponer los valores de la familia[50], aquellos que fueron la llama que hizo germinar el sueño que la llevó a ser una familia empresaria y que vertebre el relato familiar y su comportamiento.

Puede que haya valores genéricos, como la honradez, la integridad y el respeto, pero habremos realizado bien nuestro trabajo solo cuando se hagan visibles aquellos propios y particulares de la familia que, sin que ellos fueran conscientes, les ha permitido llegar hasta este momento de forma colectiva y unida. Acuí podemos encontrar algunos tan dispares como aportar un porcentaje de los beneficios para proteger el parque nacional que sea, mantener la unidad de voto dentro de una misma rama de primos o la inclusión de alguien de la zona geográfica que sea, en la toma de decisiones.[51]

Partamos entonces a ver el protocolo de la Familia Palote en este punto.

---

[49] Ver las conversaciones de la familia Palote, pág. 242.

[50] En el punto 5.1 profundizaremos sobre los valores, en concreto sobre su adaptabilidad y continuidad una dualidad en las familias empresarias, debido a la relevancia e impacto que tienen tanto en la familia como en la empresa.

[51] Estoy seguro de que puede que no se vean como valores fuera de su contexto, pero dentro de sus historias familiares relucen como faros que han guiado y ayudado a la familia a sobreponerse a los retos y al paso del tiempo.

Sección 2: valores y principios

2.1 Enumeración de los valores fundamentales[52]

La Familia PALOTE se compromete firmemente con una serie de valores fundamentales que han sido la base de nuestra identidad y éxito a lo largo de las generaciones. Estos valores son:

- **Integridad**
  - ▷ Actuar con honestidad y transparencia en todas las interacciones, tanto familiares como empresariales.
- **Respeto mutuo**
  - ▷ Fomentar un ambiente de respeto y consideración hacia cada miembro de la familia, reconociendo y valorando sus contribuciones únicas.
- **Responsabilidad social**
  - ▷ Comprometerse con la comunidad y el entorno, buscando contribuir de manera positiva a través de iniciativas socialmente responsables.
- **Colaboración**
  - ▷ Fomentar la colaboración y el trabajo en equipo, reconociendo que el éxito de la familia y la empresa depende del esfuerzo colectivo.
- **Innovación**
  - ▷ Estimular la creatividad y la innovación, promoviendo la adaptabilidad y el progreso continuo.

2.2 Principios éticos y morales

Los principios éticos y morales que guían las acciones familiares y empresariales en la Familia PALOTE son:

---

[52] El proceso para llegar a sintetizar estos valores en una lista concreta debe incluir a todos las ramas de la familia, así como a las generaciones, si bien debe escucharse atentamente a las generaciones más antiguas, pues son las que estarán en contacto más directo con los valores originales de la familia.

- **Justicia**
  - ▷ Tomar decisiones justas y equitativas que reflejen nuestros valores, considerando el impacto tanto en la familia como en la empresa.
- **Honestidad en los negocios**
  - ▷ Mantener altos estándares éticos en todas las transacciones comerciales, evitando prácticas engañosas o antiéticas.
- **Respeto por los empleados**
  - ▷ Valorar y respetar a los empleados, brindando un ambiente laboral seguro y equitativo.
- **Sostenibilidad**
  - ▷ Integrar prácticas sostenibles en todas las operaciones empresariales, demostrando un compromiso con la preservación del medio ambiente.
- **Compromiso con la verdad**
  - ▷ Mantener una comunicación abierta y veraz en todas las interacciones familiares y empresariales.

Como vemos, difieren bastante de los valores que encontramos y escuchamos de las grandes corporaciones; eso se debe principalmente a que aquí la parte dominante no es el mercado, las tendencias y la empresa, sino la familia, las emociones y las personas.

Esta enumeración en el protocolo debe servir para articular tres ejes.

1. El autoconocimiento de la familia y los distintos miembros o ramas que la componen. Se produce en el proceso de definición y enumeración de estos.

2. Guía. Han de convertirse en la guía de las actuaciones tanto empresariales como personales de la familia en su conjunto y de los distintos miembros que la componen de forma individual.

3. Presencia. En la toma de decisiones, ya sea en los órganos propios de la familia la junta de la familia en el consejo familiar o en cualquier comisión, donde deben resaltarse los valores y principios que han regido la toma o no de esa decisión. Dentro de los órganos empresariales, cuando la familia no sea mayoritaria o su presencia en algún órgano no sea de control, deberían poder justificar cualquier decisión que se haya tomado a la hora de comunicarla a la familia y, en el caso que se estime oportuno, al público general.[53]

Si esta parte se usa simplemente como relleno y no con la intención de tener una palanca o piedra de toque para el funcionamiento futuro, quizá no merezca el esfuerzo que es necesario para sintetizarlos encontrarlos y trabajarlos para hacerlos visibles.

---

[53] Aquí sí hay un ejemplo de familia que me gusta y que puede servir de referencia: se trata de MARS, una empresa que ha actuado durante años bajo la guía de cinco pilares, sin decir nada a nadie, consiguiendo unos resultados extraordinarios. Cuando la tendencia cambió tanto que se vieron obligados a publicarlos, lo hicieron de forma tan simple clara y efectiva que se debe aprender de ellos: https://www.mars.com/about/the—five—principles

3 GOBIERNO Y TOMA
DE DECISIONES[54]

Llegamos a la una de las partes más visitadas de los protocolos familiares, si bien aquellas que debería regir nuestras actuaciones y funcionamiento se encuentran en los puntos tratados anteriormente. Los humanos tendemos a la simplificación y nos vale con saber dónde, quién y cómo se puede hacer lo que quiero. Lo que en un protocolo que esté bien hecho es lo que encontraremos en esta sección.

También veremos cómo podemos optar a formar parte de los distintos órganos de la familia y lo que ello implica de responsabilidades, obligaciones y derechos, en el caso que seamos miembros de la familia.

Antes de comenzar, me centraré en las guías principales y más comunes, si bien habrá casos tan particulares como familias, que pueden incluir determinados cambios o variaciones que funcionan en su ámbito.[55]

Entrando entonces el posible texto de nuestro protocolo, podríamos encontrar algo en esta línea.

---

[54] Ver las conversaciones de la familia Palote, pág. 247.

[55] Volamos a lo que ya comenté anteriormente de las reglas no escritas y el funcionamiento de cada familia para escoger película o qué *pizza* se pide; sé que el ejemplo es simple, pero muestra de forma muy clara como algo que nos puede parecer extraño a otra gente le funciona para la toma de la misma decisión.

Sección 3: gobierno y toma de decisiones

3.1 Estructura de gobierno familiar y empresarial: la Familia PALOTE establece una estructura de gobierno que distingue claramente entre la esfera familiar y empresarial.

Gobierno familiar

a. **Junta Familiar**

i. **Composición**

La Junta Familiar es un foro más amplio que incluye a todos los miembros de la familia, aunque no todos tienen un voto formal. Se exigirá la presencia a partir de los quince años, teniendo voz a partir de los 18 y solo teniendo voto solo a partir de poseer un título universitario.[56]

iii. **Frecuencia de las reuniones**

La Junta Familiar se reunirá al menos una vez al año, además de siempre que sea necesario. Será convocada por 3/5 partes del consejo de familia o se requerirá la mitad más uno de los miembros con derecho a voto. Las solicitudes extraordinarias deberán ser comunicadas a la presidencia, que articulará la reunión dentro de los 30 días siguientes a recibir y validar la solicitud.[57]

---

[56] Como vemos, se establece reglas claras sobre quién tiene voz y voto en este órgano; en este caso en concreto, al dejar abierto tipo o duración de carrera universitaria, funcionó bien hasta que empezaron los cambios normativos (esta parte está sacada de un protocolo familiar de España), que crearon diferencias de entre tres y cinco años de estudio, aunque ambos se consideraban títulos universitarios. Esto nos debe hacer reflexionar sobre la adaptación y/o interpretación del protocolo: ¿quién debe puede hacerlo?

[57] Aquí no se entra en detalle en el formato de la convocatoria, orden del día... Esto puede desarrollarse en un anexo específico del protocolo o incluirse en esta parte, depende del redactor y la familia. En mi caso prefiero dejar las normas generales en el cuerpo y crear un anexo propio para cada órgano; de esa manera, se facilita su gestión y desarrollo, además de su explicación y comunicación a nuevas generaciones o miembros.

iii. **Propósito**

La Junta Familiar se reúne periódicamente para compartir actualizaciones, celebrar logros familiares, discutir temas de interés general y validar con base en las mayorías definidas en este documento las decisiones aprobadas por el consejo de familia, así como aprobar aquellas que por su especial relevancia o impacto en la familia requieran la aprobación previa de este órgano. [58]

iii. **Participación abierta**

Todos los miembros son bienvenidos a expresar sus opiniones, pero se ruega en caso de no tener derecho a voz, que envíen con anterioridad a la presidencia y a un representante con voz aquello que quieran compartir o exponer.[59]

b.1 **Consejo de Fundadores**
i. **Composición**

El Consejo de Fundadores se compone de los fundadores originales de la compañía y de aquellos que, tras ejercer el cargo de presidente o consejero delegado en el consejo de familia o el consejo de administración, finalicen todas sus funciones en el resto de los órganos o compañías de la familia.

---

[58] Aquí queda clara la semejanza de la Junta Familiar con la junta de accionistas, en cuanto a sus obligaciones o necesidad de obtener su validación

[59] He incluido esta parte, ya que me pareció un recurso más que interesante para que se pudieran escuchar las voces, no solo de los miembros menores de la familia, sino también aquellas personas que tenían relación, interacción con la familia y que quisieran comunicar compartir con toda la familia algo sobre alguna decisión o sobre alguna preocupación.

ii. **Frecuencia de reuniones**[60]

Se reunirá cuando así lo requiera la Junta Familiar o el Consejo de Familia, para aportar consejo y recomendación con base en los valores familiares y su legado en los temas que así lo requieran, así como en los casos que así se le requiera en el presente protocolo.

iv. **Mayorías necesarias**[61]

Las recomendaciones se tomarán por mayoría simple, siempre que haya la mitad más uno de sus miembros.

b.2 **Consejo de Familia**

i. **Composición**

El Consejo de Familia se compone de 5[62] miembros elegidos democráticamente, representando a todas las generaciones[63] de la familia.

---

[60] Este órgano, por su particularidad de solo emitir recomendaciones o ejercer aquellas funciones que le sean asignadas en el protocolo, no tiene una periodicidad de convocatoria, por lo que podría suceder que no se convocara en todo el año. Sin embargo, por experiencia en las familias empresarias que funcionan de forma cohesionada, al menos una vez al año se les convoca para que den opinión o consejo de los principales puntos, tanto familiares como empresariales en curso.

[61] Aquí vemos, por la particularidad del órgano, que se le da la posibilidad de que, con mayoría simple de solo con la mitad más uno de sus miembros, pueda emitir las recomendaciones.

[62] En la composición de los órganos colegiados, es habitual como norma de oro que sea un número impar para evitar empates técnicos en las votaciones; por experiencia, funciona en órganos ejecutivos no más de 7 , que es cuando empieza a ser complicada la gestión. Para órganos estratégicos hasta 11 puede manejarse, debido a la periodicidad de las reuniones, así como con los temas a tratar. Pero esto es solo mi experiencia personal.

[63] Este es un punto importante en el que se puede hablar de generaciones o ramas, no siendo lo mismo con el redactado (se hizo así de forma intencionada). Ejemplo: en una familia de tres ramas, si una sola tuviera cinco miembros, uno de cada generación que pudiera bloquear los nombramientos podría controlar el Consejo de Familia.

ii. **Frecuencia de reuniones**[64]

Se reunirá ordinariamente de forma trimestral para abordar asuntos familiares, compartir información y tomar decisiones que afecten a la familia en su conjunto, así como para definir el voto en las materias que este protocolo reserva de los representantes de la familia en los diferentes órganos de las empresas en las que la familia tiene participación o controla.

Podrá ser convocado por un solo representante de la familia en las empresas cuando se vaya a decidir algo que requiera[65] la aprobación previa del consejo de familia para que el representante pueda ejercer el voto como representante de la familia.

iii. **Agenda participativa**[66]

Los miembros pueden proponer temas para la agenda, asegurando que los asuntos relevantes sean discutidos.

iv. **Mayorías necesarias**[67]

Las decisiones se tomarán por mayoría simple excepto en asuntos críticos, que requerirán una mayoría cualificada de tres quintas partes.

---

[64] Este órgano irá en paralelo a los consejos de administración de la/s compañías, en las que los representantes de la familia tengan asiento y derecho de voto para poder monitorizar y validar y/o aprobar previamente los votos de estos representantes en las materias que la familia se haya reservado

[65] Los negocios como la vida fluyen y puede que dentro de una compañía (por ejemplo, en un proceso de compra o fusión) deban tomarse decisiones de una forma más ágil o fuera de los consejos extraordinarios; para eso debemos dar libertad a los representantes para convocar a este órgano cuando sea necesario para el correcto desarrollo de sus funciones.

[66] La agenda ha de tener una doble vertiente: la familia y todos los temas propios de esta y la empresa, que debe ser nutrida por los representantes de la familia con base en los órdenes del día y decisiones a tomar por los órganos de la propia empresa.

[67] Al igual que sucede en la Junta Familiar, definir mayorías es adecuado siempre que se haga buscando el consenso. Eso es algo que, a la larga, facilita y ayuda a la unidad y cohesión familiar, como ya han resaltado en su libro *Family business values*, (1995), Aronoff y Ward.

c. **Comisión de Formación**[68]

i. **Composición**[69]

Integrada por expertos familiares y, cuando sea necesario, por profesionales externos con experiencia en formación y desarrollo. De forma inicial, estará compuesta por tres miembros de la familia y dos asesores independientes: XXXX y XXXX.

ii. **Frecuencia de las reuniones**

Este órgano se reunirá como mínimo tres veces al año; la primera, en el primer trimestre para definir el ciclo formativo del curso; otra entre el segundo y tercer trimestre para realizar seguimiento y una tercera junto con la Junta Familiar, para reportar la evolución y próximos pasos.

Del mismo modo, podrá ser convocado por el consejo de familia para reportar o profundizar en aquellos temas relativos a su ámbito de actuación que el consejo estime necesario.

iii. **Propósito**

La Comisión de Formación tiene la responsabilidad de diseñar programas de desarrollo familiar, identificar oportunidades edu-

---

[68] Al igual que en los dos anteriores, hay más menos consenso en el nombre en lo referente a este órgano, que ha visto algunos con nombres tan diferentes como «comisión de próximas generaciones» «programa futuros Paco» (Paco es ficticio, representa el nombre propio del fundador), por lo que es importante ver el contenido y por qué con un nombre u otro es un órgano que aparece de forma regular en las empresas familiares. El motivo no es otro que la importancia de las generaciones futuras, ya sean vinculadas a la/s empresa o como pilares de la unidad y cohesión familiar. Su importancia es vital, llegado el momento de la sucesión en cargos familiares y/o empresariales.

[69] Una composición con experiencia externa en formación y planes de carrera y sucesorios en cuanto a la visión empresarial y otro está enfocado a las dinámicas de grupo, la solución de conflictos y la toma de decisiones. La unión de miembros de la familia ayudará a realizar un proceso formativo completo, tanto para los miembros actuales de la familia como para las próximas generaciones.

cativas y promover el crecimiento personal y profesional de los miembros de la familia.[70]

iv. **Informe anual**

Presentará un informe anual al Consejo de Familia sobre las actividades y resultados de los programas de formación, el cual será elevado a la Junta Familiar para su validación.

d. **Comisión de Nombramientos y Sucesión**[71]

i. **Composición**

Formada por miembros experimentados de la familia y, cuando sea necesario, por asesores externos con experiencia en gestión de sucesiones.

ii. **Propósito**

La Comisión de Nombramientos y Sucesión supervisa los procesos de nombramientos en la empresa (de aquellos cargos dependientes de la familia) y la planificación sucesoria familiar, asegurando una transición efectiva y justa.

iii. **Evaluación continua**

Realiza evaluaciones periódicas de la estructura de liderazgo y propone recomendaciones al Consejo de Familia.

Hasta aquí llegaría una estructura inicial de los órganos familiares dentro del protocolo; por supuesto, quedan muchos detalles para desarrollar, los cuales se harán en la parte que trataremos los órganos y en la propia normativa interna de estos.

---

[70] Aquí vemos que solo queda circunscrito a los miembros de la familia, por lo que aquellas personas que tengan una relación cercana o continuada con la familia, pero que no sean reconocidas como tales, no podrán beneficiarse de esta formación y/o programas. Vemos aquí un ejemplo claro y práctico de tener claramente definido quién es miembro de la familia y quién no.

[71] Esta comisión, si bien puede que suene en momentos claves de la familia, solo hará un buen trabajo si funciona de forma continua, evaluando, preparando y trabajando distintas opciones, no solo para el momento del nombramiento sino también para preparar ese momento. Sobre todo, acompañará en los primeros lances tras la sucesión y/o nombramiento.

Hay que resaltar que existen comisiones (consultiva o de socios fundadores, por nombrar algunas) y otro tipo de consejos (por ejemplo, el económico, que está centrado en la gestión de la economía conjunta de la familia). Intentar enumerar todas las posibilidades sería un ejercicio fatuo e imposible, por eso he querido centrarnos en aquellos que sí o sí, de una forma u otra, afectan a todas las familias.

En la siguiente parte se tratan los órganos propios de las empresas. Incluirlos o no en el protocolo dependerá de la incidencia que tenga la familia de ellos. En una sociedad totalmente controlada por la familia, entiendo que es necesario exponer en el protocolo de forma detallada los órganos empresariales y la selección de miembros y funciones en aquellas con participaciones significativa de la inclusión de quién ocupara los cargos, cómo se seleccionarán los sustitutos y qué materias deberán presentar al consejo de familia para su aprobación previa. Por último, establecerá las normas para la selección de los representantes de la familia en aquellas sociedades de las que no se tenga control ni una participación significativa.

En este caso, solo se hace una pequeña mención orientativa, resaltando algún punto que la familia consideraba necesario.

Gobierno empresarial[72]

a. **Junta General**

i. **Composición**

La Junta General se compone de todos los accionistas —o sus representantes— de la sociedad.

ii. **Frecuencia de las reuniones**

---

[72] Lo he incluido como referencia en el caso de que la familia controle la empresa. El protocolo es donde se debe marcar las características responsabilidades de los órganos empresariales y estos puntos deberán verse reflejados y validados en los estatutos sociales de la sociedad y en la normativa específica de los órganos empresariales. Como el foco de este texto es la familia y la empresa familiar, no entraré en detalle a su análisis o desarrollo.

Se reúne como mínimo una vez al año para aprobar decisiones claves y las cuentas de la sociedad, así como para recibir informes específicos (EINF, ESG...).

b. Consejo de Administración

i. Composición

El Consejo de Administración se compone de miembros familiares y no familiares, con habilidades y experiencia relevantes.

ii. Reuniones regulares

Se reunirá mensualmente para abordar cuestiones operativas y estratégicas[73].

iii. Decisiones estratégicas

Las decisiones estratégicas[74] requerirán una mayoría cualificada para su aprobación.

iv. Participación de expertos externos

En casos específicos, se puede invitar a expertos externos para asesoramiento.

c. Comisión de Auditoría

i. Composición

Formada por un mínimo de 3 profesionales, de los cuales uno debe ser miembro del Consejo de Familia. El resto de ellos pueden ser independientes con experiencia en auditoría y contabilidad.

ii. Propósito

---

[73] Vemos aquí un caso claro de compañía controlada por la familia; de otra forma, no podría afirmar que el consejo se reunirá mensualmente (esto es más propio de una comisión ejecutiva), ya que el requisito legal (en territorio español) es que el consejo se reúna una vez al trimestre.

[74] No nos definen en este punto qué se considera estratégico y eso es uno de los grandes errores: hay que crear una lista de materias al menos en tres niveles: temas básicos o que no requieran una especificada aprobación por mayoría simple, otro que pudiéramos clasificar de importantes y que necesita de aprobación de 3/5 partes; luego están los vitales, que conllevarán la mayoría en porcentaje o la inclusión de determinados grupos para su aprobación.

La Comisión de Auditoría supervisa la integridad de los informes financieros, la eficacia de los controles internos y la conformidad con las normativas.

d. Comisión de Retribución y Nombramientos

i. Composición

Integrada por miembros externos expertos en recursos humanos y compensación.

ii. Propósito

La Comisión de Retribución y Nombramientos revisa y recomienda políticas de compensación, evalúa el desempeño del CEO y participa en la selección de nuevos directivos.

e. CEO

i. Rol y responsabilidades

El CEO es responsable de implementar las decisiones del Consejo de Administración y de la gestión diaria de la empresa.

No entraré mucho en él, ya que, como decía, la casuística depende directamente del control/poder que la familia ejerza en las compañías y el reflejo será lo que se defina en los estatutos sociales (en el caso de España) en la sociedad en cuanto al funcionamiento, mayorías, composición convocatoria... siendo la actuación necesaria de los representantes de la familia que los acuerdos que allí se reflejen respeten, o sigan, según el caso en lo definido en el protocolo.

4. ROLES Y RESPONSABILIDAES[75]

Pasemos, pues, a ver el siguiente capítulo, en que trataremos los roles y responsabilidades que asume cada miembro de la familia y qué papel debe tener, ya sea en el ámbito familiar o empresarial.

Sección 4: roles y responsabilidades

4.1 Definición de roles y responsabilidades

4... iembros familiares en la empresa.
a. Condiciones de ingreso

i. Los miembros familiares que deseen[76] ingresar en la empresa deberán completar su educación formal[77] y obtener experiencia externa relevante[78], además de proponer su incorporación a la comisión de nombramientos y sucesión que elevará o no su reco-

---

[75] Ver conversaciones de la Familia Palote, pág. 251.

[76] Aquí vemos algo importante: se da la opción de entrar o no en la empresa, no hay que dar por supuesto que todos los miembros de la familia quieran ocupar o desempeñar un rol activo en la empresa o incluso en los órganos de la familia. Puede que solo quieran ser propietarios Ese caso lo veremos más adelante, deberemos ayudarles a ser propietarios responsables.

[77] Aquí la familia dejó un término genérico, porque cuando se redactó el protocolo, el pensamiento común era que la educación formal incluía un título universitario (para más detalle pensando siempre en cinco carreras: Derecho, Medicina, Arquitectura, Ingeniero de caminos canales y puentes, Ingeniero industrial). Sin embargo, cuando fue pasando el tiempo ese criterio quedo diluido lo que provocó enfrentamientos hasta que se pudo llegar a un acuerdo. Mi consejo, aunque en un momento determinado algo esté muy claro, es mejor ser preciso con lo que escribimos para evitar discusiones futuras a las próximas generaciones que puedan afectar a la cohesión familiar.

[78] Por no repetirme, indico que aquí sucedió lo mismo (¿son 3 años?, ¿5 años?, ¿en qué puesto?, ¿con qué responsabilidades?) que en el punto anterior.

mendación al consejo familiar, siendo este quien deberá validar por unanimidad su candidatura.

ii. La entrada a la empresa no es automática: la validación de la candidatura por la familia está sujeta a la evaluación del Consejo de Administración y la Comisión de Nombramientos y Sucesión.[79]

b. **Roles y responsabilidades**

i. Cada miembro familiar tendrá un rol claramente definido basado en sus habilidades, intereses y educación.

ii. Los roles se revisarán periódicamente para asegurar que estén alineados con las necesidades de la empresa y el desarrollo individual del miembro familiar.[80]

c. **Promoción basada en el mérito**

i. La promoción y el avance en la empresa estarán basados en el mérito y el desempeño, independientemente del lazo familiar.[81]

ii. Los miembros familiares serán evaluados regularmente según los mismos estándares que los empleados no familiares. Además, tendrán que someterse que someter una vez al año a la revisión y validación de su función al consejo de familia para su ratificación[82].

---

[79] Podemos observar el doble filtro: primero, la familia; luego, la empresa. Un ejemplo claro de separación de los dos ámbitos, pero teniendo en cuenta su interacción.

[80] Aquí de nuevo surgió el problema del paso del tiempo de inicio: todos lo tenían claro, ya que existían personas referentes. Pero con el paso de las generaciones, personas que estaban en la empresa se negaron a este doble *check* por parte de la familia. De nuevo, usar genéricos no especificados puede evitar una pequeña discusión hoy en la familia, pero os aseguro que es la semilla de un problema mayor en un futuro.

[81] Este punto se introdujo con sentido por parte de la familia, ya que en su caso controlaban la compañía y quisieron advertir a las próximas generaciones de que, en caso de tener un mejor candidato fuera de la familia para una promoción ascenso dentro de la empresa, el ser familiar no solo no era una ventaja, sino que deberías de cumplir además de los requisitos de la empresa los propios de la familia.

[82] Aquí vemos que se expone la idea que debe de incluirse en el protocolo, pero debemos especificar aquí o en la normativa del Consejo de Familia las

d. **Comunicación transparente**[83]

i. Los roles y responsabilidades de los miembros familiares se comunicarán de manera transparente a todos los empleados y se destacará la igualdad de oportunidades.

4.2 Procedimientos para la incorporación y gestión de sucesiones[84]

4.2. Incorporación de nuevos miembros
a. Evaluación y orientación

i. Los nuevos miembros familiares pasarán por un proceso de evaluación objetivo, que incluirá entrevistas y evaluaciones de competencias.

---

reglas claras y criterios de evaluación, con la intención de evitar problemas futuros que puedan afectar a la cohesión familiar.

[83] La primera vez que vi este punto me resultó extraño, así que un día en una reunión informal en una de las propiedades de la familia, al preguntar a un miembro de la primera generación, su respuesta me mostró la clarividencia y valores de la familia de una forma clara: «Alejandro, aquí todos somos de la familia PALOTE, pero (y señaló con su bastón a un miembro de la familia de apenas 27 años que trabajaba en una de las empresas) él, en cuanto sale de aquí y entra en la empresa, es un mero trabajador y debe obedecer sin discutir a su jefe, y su jefe debe saber que todo lo que diga y haga en su trabajo sobre él lo está haciendo con un trabajador, no con la familia PALOTE. De eso nos tenemos que encargar nosotros». No solo marcaba la diferencia entre empresa y familia, sino que ratificaba la responsabilidad de las primeras generaciones en la transmisión de los valores y la protección del legado, mientras establecía y reforzaba de forma clara los valores que los habían hecho tan grandes.

[84] No entraremos en detalle, pero sí diré que en esta parte se dejaron espacios abiertos, que más tarde tuvieron que ser especificados para evitar conflictos o discusiones. Lo que es importante es tener claro que un protocolo debe entrar en definir de forma detallada y amplía el proceso de nombramiento y sucesiones, tanto dentro de los órganos familiares como en aquellos cargos y/o posiciones que la familia ostente en la empresa.

ii. Se proporcionará una orientación exhaustiva sobre la historia, los valores y la visión de la empresa.

b. **Plan de desarrollo individual**

i. Cada nuevo miembro familiar tendrá un plan de desarrollo individual, que incluirá capacitación, mentoría y rotación en diferentes áreas de la empresa.

4.2.2 Gestión de sucesiones

a. **Identificación de talentos**

i. La Comisión de Nombramientos y Sucesión será responsable de identificar y desarrollar el talento dentro de la familia para roles de liderazgo.

ii. Se fomentará la participación de expertos externos para asesorar en procesos de sucesión.

b. **Planificación anticipada**

i. La planificación de sucesiones se abordará de manera proactiva, asegurando una transición fluida en caso de cambios inesperados en la dirección.

ii. Los roles críticos tendrán planes de contingencia establecidos.

c. **Equidad y transparencia**

i. Las decisiones de sucesión se tomarán considerando el mérito, la experiencia y las habilidades, garantizando la equidad y transparencia en el proceso.

ii. Se realizarán revisiones regulares de la efectividad de los planes de sucesión.

Debemos seguir avanzando en nuestro protocolo, pero hemos llegado al ecuador. Me gustaría compartir otra reflexión.

REFLEXIÓN

Hasta ahora vemos que, en la construcción del protocolo familiar, toda gira entorno a la familia, la unidad y no la individualidad de sus miembros, pero respetando las particularidades de cada individuo. Esto es básico que sea así, ya que si, cuando se redacta el protocolo, se hace pensando en personas especificas o necesidades particulares de determinados miembros, no podrá realizar una de sus funciones principales, que es la transmisión de los valores de la familia, creando un espacio común y de cohesión que ayuda a la resolución de las incidencias evitando conflictos y problemas a las generaciones futuras.

Es humano intentar defender los propios intereses, perc el primer acto de generosidad que deben hacer las generaciones *gobernantes* es olvidarse de ellos (y de su clan) y pensar en toda la familia y el futuro conjunto. De ahí la importancia de las preguntas que dijimos de inicio que la familia y sus miembros tenían que hacerse para ver si existía ese vínculo y cohesión familiar necesarios para este viaje.

El segundo pilar esencial en la estructuración del protocolo se enfoca en establecer una clara demarcación entre los ámbitos familiar y empresarial. Es imperativo comprender que estas son esferas de acción distintas, cada una está regida por sus propias normas y reglas, aunque se entrelacen de manera inherente. Abordar eficazmente la gestión, tanto de la familia como de la empresa familiar, requiere un reconocimiento consciente de la interacción constante entre estas dos esferas.

Es fundamental reconocer y respetar la separación entre la familia y la empresa, al mismo tiempo que se fomenta una intercomunicación y comunicación efectiva entre ambas. Esta interacción no solo facilita el entendimiento mutuo, sino que también permite que ambas entidades se beneficien mutuamente. Es este equilibrio el que propicia el crecimiento armonioso de la familia empresaria, al mismo tiempo que otorga a la empresa la flexibilidad necesaria para adaptarse a los cambios y desafíos que inevitablemente enfrentará.

La interacción consciente y la comunicación abierta entre la familia y la empresa no solo fortalecen los vínculos familiares, sino que también contribuyen a la resiliencia y la adaptabilidad de la empresa en un entorno empresarial dinámico. Al mantener una separación clara, pero fomentando la colaboración, se crea un entorno propicio para el aprendizaje mutuo y la sinergia, permitiendo a ambas entidades prosperar de manera conjunta. Este enfoque estratégico se convierte en un catalizador para el crecimiento sostenible, en el que la familia y la empresa se enriquecen mutuamente, asegurando una evolución equilibrada a lo largo del tiempo.

5. Comunicación[85]

Con esto en mente continuamos con nuestro protocolo abordando el siguiente bloque donde entramos en uno de los puntos que, aunque pueda parecer más obvio considero fundamental tratar, tanto en el ámbito familiar que será en el que se debe de centrar el protocolo. Pero también puede ser usado, aunque no impuesto en el ámbito de la empresa si se ha construido de una manera coherente con los valores y el legado de la familia que como ya sabemos guían y construyen la empresa.

Sección 5: Comunicación

5.1 Normas de comunicación efectiva

5.1.1 Entre miembros familiares
  a. **Comunicación abierta**
  i. Se fomentará una cultura de comunicación abierta y transparente[86], en la que todos los miembros familiares se sientan libres de expresar sus opiniones, articulando formas para que se puedan expresar tanto en la Junta Familiar como en el Consejo Familiar cuando el asunto así lo requiera.
  ii. Se establecerán reuniones[87] regulares para compartir información y discutir asuntos familiares relevantes.

---

[85] Ver conversaciones de la familia Palote, pág. 255.

[86] Este es un valor propio de la familia que se debe enseñar y formar; la comisión de formación en el caso de esta familia realiza tres talleres obligatorios cuando se llega a una edad para explicar, compartir métodos y formas para comunicarse y poder expresar cualquier tema a cualquier miembro de la familia de forma que pueda tratarse. Además, existen procesos y formas (en su protocolo) por las cuales cualquier miembro mayor de edad puede solicitar expresarse ante la Junta Familiar o incluso el Consejo de Familia.

[87] Este es un punto vital, estas reuniones regulares pueden ser tanto oficiales (Junta Familiar una vez al año) o informales (paella de tía Paca, la cacería

b. **Respeto y escucha activa**[88]

i. Se espera que todos los miembros familiares se traten con respeto mutuo, escuchando activamente las perspectivas de los demás antes de responder.

ii. La crítica constructiva será promovida, pero siempre en un tono respetuoso y orientada a la mejora.

c. **Comunicación formalizada**[89]

i. Las decisiones importantes se comunicarán formalmente por escrito, garantizando que todos los miembros familiares estén informados de manera clara y completa.

ii. Se establecerán canales formales de comunicación para garantizar la difusión efectiva de información relevante.[90]

---

en el Cárcamo...) y debemos recordar la obligatoriedad de asistencia a las mismas, ya que cuando se fomenta una comunicación sana dentro de un ambiente cohesionado las soluciones pueden surgir en un intercambio de ideas que se da en los lugares más significativos y/o importantes para la familia.

[88] Este es un valor que, aunque sea obvio, se deba destacar, ya que es necesario en todas las fases de desarrollo de la familia y de la empresa. Incluso me atrevo a ir más allá y decir que de la vida.

[89] Algo básico es que, tras llegar a un acuerdo o decisión, este se comunique de forma efectiva clara y transparente a todos los miembros de la familia, para evitar situaciones de desinformación o malentendidos que puedan afectar a la cohesión familiar. Se debe evitar por todos los medios los canales de comunicación informales, una vez que exista una decisión firma acordada. Si bien la comunicación informal puede ser una herramienta en el proceso de formación de voluntades y toma de decisiones, una vez la decisión es firma la comunicación ha de ser siempre clara y formal.

[90] Aquí no deben existir ambigüedades: cuando lo redactemos, debemos ser detallados y precisos, tanto en la forma como en el contenidos y plazos para la comunicación.

5.2 Procedimientos para la resolución de conflictos[91]

5.2. Entre miembros familiares
a. **Escalamiento gradual**
i. Los conflictos se abordarán inicialmente a nivel individual y de manera privada.

ii. Si el conflicto persiste, se involucrarán mediadores familiares[92] designados para facilitar la resolución. La designación de estos mediadores debe contar con la recomendación del consejo de fundadores y la aprobación del consejo familiar. Serán cargos por dos años renovables por unanimidad en los dos órganos.

b. **Reuniones de conciliación:**
i. Se programarán reuniones de conciliación donde los miembros involucrados puedan expresar sus preocupaciones y trabajar hacia soluciones mutuamente aceptables.

ii. La mediación externa puede ser solicitada si las reuniones de conciliación no logran una resolución. [93]

---

[91] Este es uno de los puntos más importantes y de los que la familia se sentía más orgullosa: haber establecido para los temas familiares y los propios de la interacción de sus miembros un procedimiento en el cual se instaba a los implicados con base en la formación recibida para comunicarse y afrontar de forma conjunta la solución y siempre en el caso que no pudieran (la familia siempre me insistió en que era que no podía, ya que todos siempre querían por la formación, por sus valores, buscar el consenso o la solución), se establece un mecanismo interno de la familia para evitar que el problema quedara fuera del ámbito familiar.

[92] Una figura propia de esta familia, cargo de gran responsabilidad para ellos, que les ha permitido mantener la cohesión familiar los valores y legado de la familia durante todo este tiempo. Hablando con uno de los miembros, me dijo que trataban temas tan diferentes como la gestión de los inmuebles comunes, un divorcio o las posturas de las distintas ramas de la familia ante la venta o una fusión de alguna de las empresas.

[93] No, no es un error que esté tachado, esta así en su protocolo y los fundadores quisieron que se quedara así para ratificar la idea que los problemas de la familia se resuelven dentro de la familia. Nunca fuera de ella.

ii. La resolución marcada por el mediador familiar tiene carácter vinculante y solo podrá ser rebatida por unanimidad en el Consejo de Familia tras revisión por los fundadores. En el caso que el consejo apruebe por unanimidad la revisión de la resolución familiar, este cesará en el cargo y, el caso que ocupe cualquier otra posición en la familia o en la empresa, se iniciará un proceso de revisión para su reprobación o aprobación[94].

Me permito (con su permiso) transcribiros también el párrafo introductorio de este capítulo de su protocolo que deja clara su voluntad de comunicar y compartir dentro de la familia, evitando que cualquier conflicto pudiera salir fura atacando la cohesión o los valores familiares.

En nuestra familia y empresa, la comunicación efectiva es fundamental. Entre los miembros familiares, promovemos una comunicación abierta y respetuosa, en la que las decisiones importantes se comunican formalmente. Para la resolución de conflictos, establecemos procedimientos que incluyen el escalonamiento gradual y la mediación a nivel familiar proporcionando decisiones vinculantes.

Una parte importante es que no entra a explicar cómo deben de resolverse los conflictos en la empresa, si bien puedo deciros que, dentro de la formación que reciben los miembros de la familia que se van a incorporar a cargos o posiciones en las compañías, aparecen tres métodos para la gestión resolución de conflictos y se les insta a que usen y se apoyen en la estructura familiar (Consejo de Familia, Comité de Fundadores, diversos comités...) para enfrentarse al día a día en la empresa. Esto ha llevado a la creación

---

[94] Dándoles el poder que les cedía la familia; también les exigía magnanimidad, equidad y un respeto puro y férreo a los valores y legado familiar. (se podía dar el caso y se dio que un mediador familiar tuviera que resolver en contra de su hija con base en los valores y cohesión de toda la familia). En el caso que no fueran capaz de actuar así o su decisión fuese parcial, el castigo era proporcional a la responsabilidad y poder que tienen en la familia.

de una serie de vínculos informales en la toma de decisiones de las empresas que han reforzado de forma visible la cohesión familiar y la presencia de los valores de la familia en la empresa.

Otras familias, por el contrario, incluyen de forma detallada la explicación de cómo han de gestionarse los problemas empresariales en aquellas compañías que controlan o en aquellas que tengan participación y cuál debe ser la actitud y decisiones para tomar por los miembros de la familia en cada situación.

A mi parecer, no hay un sistema mejor que otro, si bien cada uno debe adaptarse a la familia que lo haga funcionar en un respeto de su legado. Vosotros, ¿qué opináis?

De nuevo, os he esbozado y transcrito las ideas principales del capítulo. Como vosotros habréis comprobado, llegado el caso de redactar el protocolo real, hay que detallar procesos formación, tiempos... que aquí os he dejado intuir, pero, a petición, he omitido.

6. EDUCACIÓN Y DESARROLLO[95]

Continuemos, pues, con el siguiente punto que deberá incluir nuestro protocolo. Debería adentrarse en la formación, tanto para aquellos miembros de la familia que aspiren a incorporarse a la/s empresa familiares como para aquellos que vayan a ser o sean ya propietarios. El sentido es que sean a propietarios responsables y capaces en el desarrollo de sus funciones.

Existen distintas aproximaciones al tema de la formación dependiendo de la familia, su capacidad económica o el número de sus miembros, si bien es un punto que conforme vayan pasando las generaciones y, por lo tanto, ampliándose y diversificándose la composición y numero de los miembros de la familia, adquiere una importancia vital como elemento transmisor y fijador de los valores y el legado familiar para mantener y fortalecer la cohesión familiar.

He escogido para comentar en esta parte un protocolo que se queda a medio camino entre uno que no entra en estos temas y otro más sofisticado, que incluye escenarios específicos y un plan para varias situaciones o miembros de la familia; de esta forma, al ir comentándolo, podremos ver dónde se puede profundizar y cotejarlo con cuál sería vuestra aproximación a este tema en vuestra familia.

---

[95] Ver conversaciones de la familia Palote, pág. 258.

Sección 6. Educación y desarrollo

6.1 Programas de educación y desarrollo para candidatos a formar parte de las empresas familiares

6.1.1 Identificación de candidatos potenciales

a. Proceso de selección

i. Se establecerá un proceso formal para la identificación de candidatos que deseen formar parte de las empresas familiares[96].

ii. Los candidatos serán evaluados en función de su educación, experiencia, habilidades y alineación con los valores familiares y empresariales.[97]

b. Entrenamiento introductorio

i. Los candidatos seleccionados participarán en un programa de entrenamiento introductorio para comprender la historia, cultura y operaciones de la empresa.[98]

---

[96] Vemos que en este caso solo entran en aquellos miembros de la familia con potencial o voluntad de entrar a formar parte de las empresas familiares, obviando a los que se convertirán en propietarios. Esto es un gran error a mi entender, por varios motivos: separa a los miembros de la familia en dos categorías, lo que nunca es bueno para la cohesión, y elimina una zona común de interacción para la transmisión de los valores y el legado familiar a todos los miembros, ya sea de una forma activa involucrados en el día a día de las empresas o más pasiva, en calidad de propietarios, van a tener interacción y un impacto en el desarrollo y futuro de las empresas.

[97] Aquí, si bien el texto original era detallado, a petición he enunciado solo los puntos con los cuales estoy bastante de acuerdo, aunque, siempre en la línea de mi anterior comentario, se debería ampliar a todos.

[98] Vemos la importancia del legado y los valores de la familia y la preocupación por transmitirlos, pero solo se está impregnando a una parte de la familia, lo que a la larga puede conllevar la ruptura de la cohesión y los peligros que eso implica.

ii. Este programa sentará las bases para una integración exitosa.[99]

6·_·2 Programas de educación y desarrollo para miembros familiares involucrados

a. Planificación de carrera personalizada

i. Cada miembro familiar interesado[100] en involucrarse en la empresa recibirá un plan de carrera personalizado.

ii. El plan incluirá la identificación de habilidades clave, áreas de desarrollo y oportunidades educativas.

c. Participación en programas externos [101]

i. Los miembros familiares serán alentados a participar en programas externos de educación ejecutiva, cursos especializados y eventos relevantes para su área de interés.[102]

---

[99] Solo nos enfocamos en integrarlos en las empresas y en la familia.... No olvidemos que por el mero hecho de nacer o de pasar a ser miembro de la familia (matrimonio, adopción...) no pasamos a tener los valores y el legado de la familia por obra de magia. Es algo que debe trabajarse y formarse.

[100] Aquí se detectó una incoherencia, ya que, si bien antes se suponía que había un proceso de selección, en este punto se nos indicaba que solo el interés era suficiente para pasar a formar parte del programa de formación. Con el tiempo, esta redacción se usó para subsanar el error que habíamos comentado inicialmente; se entendía que todos los miembros de la familia tenían interés en conocer los valores el legado de la familia y en adquirir unos conocimientos mínimos que les permitieran en el futuro gestionar su participación y su interrelación con el resto de la familia. Pero esta es otra historia.

[101] En el protocolo no se especificó nada sobre los cursos formación interna, algo a mi entender básico en cualquier empresa familiar. Hay una parte de conocimientos técnicos con la que estoy de acuerdo en que podemos y debemos aprenderlos fuera, pero de nuevo insisto en el legado, los valores y la particular forma de comunicarse o hacer los negocios de la familia: solo se pueden transmitir desde dentro. Este desarrollo de planes e ideas puede enunciarse en el protocolo y desarrollarse en la comisión de formación, con base en lo estipulado en el Protocolo.

[102] En algunos casos, es la propia familia quien los aconseja. Lo recomiendo con base en el programa de formación familiar, aunque en este caso se dejó

ii. Se proporcionará apoyo financiero para programas educativos avanzados, siempre que sean validados por la comisión de formación y se completen con éxito.

d. Mentoría especializada[103]

i. Cada miembro familiar tendrá asignado un mentor especializado en su área de interés o responsabilidad.

ii. La mentoría proporcionará orientación personalizada y facilitará la transferencia de conocimientos.

6.2 Fomento del aprendizaje continuo y adquisición de habilidades

6.2. Programas de aprendizaje continuo

a. **Revisión periódica de habilidades** [104]

i. Se llevarán a cabo revisiones periódicas de habilidades para todos los miembros familiares involucrados, incluyendo candidatos y aquellos que ya forman parte de la empresa.

ii. Los programas de aprendizaje se ajustarán según las necesidades individuales y empresariales.

b. **Desarrollo de competencias empresariales** [105]

---

libertad a los miembros para que escogieran ellos.

[103] La figura del mentor, en el caso de esta familia, ha tenido especial relevancia, ya que ha permitido un intercambio de conocimiento e interconexión entre diversas generaciones y ramas familiares; aquí he simplificado la estructura y los artículos a petición, dejando las ideas principales, si bien vemos que hay que definir esta figura, su selección, cuántos mentores puede tener cada uno...

[104] Con la evolución de la vida y las necesidades de la familia y la empresa, mantener una formación continua y de revisión de las capacidades de los participantes es esencial para contar siempre con el mejor talento formado de la mejor manera posible.

[105] De nuevo, vemos el foco en el caso de esta familia solo en la parte empresarial, no se especifica nada para aquellos miembros o necesidades puramente familiares. Esto, como ya vimos, tiene sus impactos a largo plazo,

i. Se establecerán programas específicos para el desarrollo de competencias empresariales, incluyendo liderazgo, toma de decisiones estratégicas y gestión de equipos.

ii. Los miembros familiares serán alentados a aplicar estos conocimientos en situaciones prácticas dentro de la empresa.

c. **Incentivos para la adquisición de habilidades**

i. Se ofrecerán incentivos financieros y reconocimientos[106] para aquellos miembros familiares que busquen adquirir habilidades relevantes para su rol y para el crecimiento de la empresa.

ii. El aprendizaje continuo será reconocido y valorado como parte integral del compromiso con la excelencia.

Hasta aquí hemos visto la amplitud del tema de la formación, que abarca la selección y la inclusión de unos u otros miembros de la familia, hasta la definición de los diferentes caminos en formativos con base en las necesidades de los individuos, familia y empresas de las que forman parte.

La importancia aquí de la comisión de formación[107], que nombramos anteriormente, queda clara, pues es el eje de unión entre las distintas vertientes e impactos que esta formación interacción tiene en los diferentes miembros de la familia y, por ende, en la familia al completo. Se convierte, así, esta comisión no simplemente en un órgano que *educa*, sino en un garante de los valores y legado familiares, además de un transmisor de todo ello, tanto para las próximas generaciones como a las actuales.

---

pero podría funcionar en una situación en la que el 100% de la familia esté involucrada en un mayor o menor nivel en el día a día empresarial.

[106] He ajustado esta parte eliminando el detalle a petición, pero creo que es una buena idea premiar de algún modo la voluntad de formación adicional fuera de la que establezca marque el programa de formación de la familia, siempre que se haga un uso responsable por parte de los miembros de la familia de esto.

[107] La trataremos de forma particular en el punto 4.3.1.

7. PROPIEDAD Y FINANZAS[108]

Continuando dentro del protocolo, llegamos a uno de los puntos que, por desgracia, suele suscitar las mayores discusiones y es muchas veces el motivo (erróneo a mi entender[109]) por el cual las familias se plantean tener un protocolo. No es otro que la propiedad y los temas financieros.

En este caso, para trabajar el ejemplo me he permitido para dotarle de un mayor contraste al unir diferentes visiones de protocolos. De esta forma, podremos profundizar algo más y ver los principales ejes de discusión/construcción en estos aspectos.

Puede que nos encontremos en un mismo punto dos ideas, lo que nos permitirá confrontarlas y trabajar sobre ellas para llegar a la esencia de los puntos importantes y vitales que debemos tratar en este bloque.

Debéis recordar que no existen respuestas globales. Si bien las ideas a desarrollar y trabajar sí son las mismas, cada familia puede darle una respuesta u otra. Y puede que lo que en una funciona en otra sea un desastre. Con todo ello en mente, nuestro texto sobre la familia PALOTE podría ser algo así:

---

[108] Ver conversaciones de la familia Palote, pág. 261.

[109] El protocolo familiar debe nacer, como vimos, de la existencia de un vínculo de una idea común de unos valores y un legado compartidos, que permita a la familia afrontar los retos empresariales y familiares con éxito. Iniciar su redacción desde la discusión de propiedad y dinero muestra que hay que trabajar antes la cohesión y el ejercicio de los valores.

Sección 7. Propiedad y finanzas

7.1 Estructura de propiedad de la empresa familiar

7.__ Distribución de participaciones:

a. **Participaciones iniciales**[110]

i. La propiedad inicial de la empresa familiar se distribuirá mediante acuerdos previos, considerando la contribución y compromiso de cada miembro fundador.

ii. La documentación legal reflejará la distribución inicial de participaciones.

b. **Transmisibilidad de participaciones**[111]

i. Las participaciones serán transmitibles solo entre miembros familiares, evitando la entrada de inversores externos que puedan comprometer la naturaleza familiar de la empresa y en último caso se ofrecerán a la empresa en el caso de que ningún miembro de la familia pueda o quiera hacerse con ellas.[112]

---

[110] He considerado incluir este punto, ya que la primera vez que lo vi me llamó la atención. Normalmente, el reparto de las acciones de las compañías en caso de defunción queda pautado en los testamentos, pero en este caso, los fundadores llegaron a un acuerdo de reparto asimétrico de las participaciones. Lo dejaron firmado para dejar constancia frente al resto de la familia y evitar situaciones complicadas; llegado el momento, optaron por incluir esta nota en el protocolo. ¡Bien hecho! Trabajar en el protocolo evita conflictos futuros, dejar pautas claras a las siguientes generaciones siempre es un acierto y una muestra evidente de cuidado entre generaciones.

[111] Veremos en cualquier protocolo que es una práctica común establecer limitaciones a la transmisión de las participaciones. El motivo es que se busca la protección del legado familiar y los valores. Desde la protección de la propiedad en la familia.

[112] Por ley, no se puede impedir la transmisión libre de las acciones, si bien se pueden establecer mecanismos o derechos que primen que esas acciones queden dentro de la familia y, en su caso, en la propia empresa. Llegado el caso de que nadie de la familia quiera/pueda hacerse con ellas y la empresa tampoco, las acciones podrán terminar fuera del ámbito familiar.

ii. La transmisión de participaciones estará sujeta a aprobación por consenso de los miembros familiares y se regirá por políticas establecidas.[113]

iii. La transmisión siempre seguirá este orden, ascendente y descendiente, de la misma rama, en caso de voluntad conjunta dentro de la misma rama familiar de adquirir las acciones se repartirán de forma proporcional. Si el reparto es fuera de la rama que vende sus acciones y hay varias solicitantes en reparto se realizará con base en la proporción de acciones que tengan sobre la compañía y su propia rama[114]

7.-.2 Limitaciones y preferencias[115]
a. Limitaciones a la decisión

---

[113] Como hemos indicado, es posible que se establezcan limitaciones en la transmisión y se requieran aprobaciones, por ejemplo, en el caso de transmisión de acciones entre distintas generaciones o entre distintas ramas de la familia. El motivo de establecer esta regulación está fundamentado normalmente en la voluntad de mantener el equilibrio entre los distintos miembros y ramas de la/s familia/s.

[114] Con permiso, he podido incluir un ejemplo del reparto o restricción de transmisión de las acciones, que no busca la proporcionalidad entre los miembros de la misma rama que transmite. En el caso en que dicha transmisión fuera a ramas diferentes se exige e impone que se mantenga la proporción existente en la empresa y dentro de la propia rama. Es una forma de declarar que se quieren evitar cambios en la propiedad y, por ende, en los equilibrios de poder entre las ramas, sin entrar en cómo se reparte dentro de cada una de ellas.

[115] Encontramos en este punto la unión de dos protocolos, en los que podremos ver cómo una familia estaba más focalizada a mantener el control y cargos en los órganos principales de las compañías, mientras otra se centraba en la propiedad. Ambas son correctas; de forma inicial, cuando las compañías son normalmente 100% de la familia, puede ser que el foco correcto sea la propiedad, pero conforme se avance, se extenderá la protección a los cargos de la familia en los órganos de decisión empresariales que estén apoyados en la propiedad (recordemos que los asientos del consejo se reparten de forma proporcional entre el por ciento de capital social. Es decir, se controla la propiedad se puede controlar la composición y nombramientos de un consejo).

i. Cualquier decisión empresarial basada en la propiedad de la compañía que pudiera incurrir en la modificación de los consejos de administración deberá contar con la aprobación por unanimidad del Consejo de Familia.

ii. Cualquier transmisión estará sujeta a evaluación y aprobación para salvaguardar los intereses de la familia y la empresa.

b. **Preferencias en la toma de decisiones** [116]

i. Los miembros fundadores pueden tener preferencias en la toma de decisiones estratégicas y operativas, incluso si han cedido parte de sus participaciones[117].

ii. Estas preferencias se documentarán y respetarán en la medida en que no vayan en detrimento de los intereses generales de la empresa.

7.2 Políticas financieras, distribución de beneficios y reinversión

7.2._ Políticas financieras

a. **Presupuesto y planificación** [118]

---

[116] De nuevo, me permito incluir una particularidad de las empresas familiares, que vemos reflejada en este punto del protocolo. El motivo es que los fundadores a la hora de dar el relevo y aceptar dejar sus cargos (interesante y peliagudo es el tema de la sucesión) tenían alguna duda (en este caso, al final, estaban fundadas) sobre las intenciones futuras con la compañía y establecieron una limitación que sin su aprobación la familia y sus representantes no pudieran votar a favor de determinadas operaciones.

[117] Normalmente, se les asigna en las normativas y procedimientos, siempre sobre temas que no afecten a la propiedad, si ya han dejado de ser propietarios.

[118] Incluir esta premisa de involucrar a la familia en la planificación financiera va en línea con el concepto de propietario responsable. Es cierto que habrá miembros de la familia más involucrados en el día a día de la compañía, pero es obligación de todos conocer el financial *framework* de la compañía y la planificación.

i. Se establecerán políticas de presupuesto y planificación financiera para garantizar la estabilidad y crecimiento sostenible de la empresa.

ii. Las decisiones financieras importantes se tomarán en consulta con expertos externos si es necesario.

b. **Gestión de riesgos**[119]

i. Se implementarán prácticas de gestión de riesgos para identificar y mitigar posibles amenazas financieras.[120]

ii. La diversificación de inversiones[121] y la evaluación periódica de la situación financiera serán prácticas regulares[122].

---

[119] Como vemos, en este punto se habla de riesgos, pero centrado puramente en riesgo financieros, ya que suele ser el principal tema y el más fácil entendible por las familias de forma inicial. En protocolos más desarrollados he visto referencia a riesgos reputacionales, medioambientales y, en algún caso, riesgos políticos. La aparición o no de estos (en el protocolo, porque estén o no recogidos en la vertiente empresarial existente) dependerá, como siempre, de la aproximación de la familia a este tema y el nivel de desarrollo y compromiso de esta.

[120] Estas prácticas deben estar desarrolladas y especificadas; de forma general, han de incluir en la agenda del Consejo de Familia (y en el caso de que se puede controlar también en la agenda del Consejo de Administración de las compañías) ayuda a dar la importancia, tiempo y profundidad a este tema. Para reforzar esta idea, se puede incluir en los bonus, tanto a corto como a largo plazo, de los ejecutivos y/o vincularlos a alguna prestación que reciba la familia. Como siempre, dependerá de la propia familia y de sus características particulares.

[121] La diversificación es un caso particular de la familia de la que me permití tomar estos conceptos; en otros casos, he visto el movimiento contrario de focalizarse solo en un área, producto o incluso distancia de transporte. Ambas aproximaciones son correctas, si bien hoy en día, con base en la velocidad de los cambios a la interconexión global, gozar de una cartera diversificada de inversiones y/o posiciones empresariales siempre se recomienda como la opción más sana. Ya se sabe el dicho de la inconveniencia de tener todos los huevos en la misma cesta.

[122] Introducir tanto a nivel de Consejo Familiar y, al menos una vez al año, a la Junta Familiar una revisión detallada (el nivel de detalle con base en el órgano y sus atribuciones) es una práctica que recomiendo encarecida-

7.2.2 Distribución de beneficios y reinversión (fondo de familia)[123]

a. Distribución de beneficios [124]

i. Las políticas de distribución de beneficios se establecerán considerando las necesidades individuales de los miembros familiares y la salud financiera de la empresa.

---

mente y que refuerza el mensaje y la actuación de toda la familia como propietarios responsables, permitiéndonos entender la evolución de los negocios e inversiones y, por ende, poder estar mejor informados para la toma de decisiones y necesidades de formación de la familia.

[123] Antes de hablar de política de dividendos y reinversión, me permito introducir el concepto de «fondo de familia». Al comenzar, me permití esbozar unas preguntas para entender si existía la cohesión familiar y la voluntad común para ser una familia empresaria y lo que esto conlleva. Aun llegando hasta aquí, podemos encontrar que exista esa unión inicial, pero no la voluntad de hacer extensible o que crezca ese punto de unión. Por eso, debemos entender si se quiere seguir creciendo juntos; es decir, si hay voluntad de que haya un «fondo de familia» o, por el contrario, solo se quiere mantener lo que ya existe. Dependiendo de esa respuesta, el desarrollo de la política de dividendos y reinversión ha de ser una u otra. Como siempre, en la empresa familiar debemos entender antes el porqué de la familia que el querer aplicar la solución técnica y académicamente perfecta.

[124] He resaltado las dos ideas principales que se repiten en mayor o menor intensidad en los protocolos, siendo necesario establecer un porcentaje claro de reparto. He visto casos de establecer un mínimo sobre el resultado neto o flujo de caja libre generado del año o, por el contrario, marcar un porcentaje fijo sobre el resultado neto o flujo de caja libre de la compañía. Ambos sistemas tienen sus ventajas; el primero permite más flexibilidad a los gestores de la compañía en cuanto a la reinversión y la gestión, ya que da más inseguridad a la familia y puede llevar a que la compañía amase recursos que de otra forma no estarían controlados por los gestores. El segundo, por el contrario, genera tranquilidad a toda la familia, pero en el caso de necesitar repartir menos, el proceso suele ser farragoso y complicado, normalmente encontrándose con la oposición de aquellos miembros de la familia más alejados de la gestión. Ambos casos, con base en una buena comunicación familiar y en un trabajo continuo del legado valores y cohesión familiar, que pueden y deben gestionarse llegado el caso.

ii. La distribución de beneficios se realizará de manera equitativa y transparente.[125]

b. **Reinversión en la empresa**[126]

i. Una parte significativa de los beneficios se reinvertirá en la empresa para financiar proyectos de crecimiento, innovación y sostenibilidad.

ii. La reinversión se basará en análisis de retorno de inversión y evaluación de oportunidades estratégicas.

---

[125] Creo que es importante destacar este punto, ya que encontré casos que durante mucho tiempo los familiares recibían un sobre por Navidad o regalos a lo largo del año, y no siempre de forma proporcional y transparente a su propiedad o participación, sino con base en el reparto que realizaban normalmente el fundador o la segunda generación, que nadie cuestionaba ni preguntaba. Al desaparecer o intentar organizarlo, salen a la luz posibles diferencias o incoherencias (aunque para quien las hiciera estuvieran plenamente justificadas) Con los problemas e incidencias que ello acarrea. Por eso, destaco la importancia de que se establezca un sistema de reparto claro y auditable, llegado al caso.

[126] Hemos esbozado ya el concepto de fondo familiar, con base en si hay voluntad y deseo, el proceso de reinversión se desarrollará de una forma u otra. Sea cual sea al caso, la reinversión en las empresas debe ser suficiente para mantener su crecimiento y mantener o crear las ventajas competitivas que aseguren su supervivencia. Para los nuevos proyectos, se deben establecer criterios claros, tanto cuantitativos (ROIC, FCF, por ejemplo) como cualitativos (sostenibilidad, sector...). Y más importante aún es un sistema claro de revisión y control, que permita un apoyo a la empresa en curso, así como a los nuevos proyectos y, llegado el caso, poder tomar las decisiones necesarias.

8. PLANIFICACIÓN SUCESORIA[127]

Entramos ahora en uno de los puntos más importantes dentro de las empresas familiares, sobre todo en la familia de la que forma parte, ya que aquí hemos de trabajar el proceso de cambio de personas destacadas, normalmente con caracteres que arrastran o atraen al resto de la familia, y también con aquellos que, por capacidades técnicas, experiencia y/o dedicación han gestionado, dirigido el negocio familiar o partes de este.

Nos encontramos aquí normalmente con una situación en la que quien esta no le haga especial ilusión irse (muchas veces no por egoísmo, sino porque entiende que todavía puede dar más o piensa que ayuda evitando determinados problemas o responsabilidades a otros miembros de su familia, aunque también hay veces de egoísmo o soberbia de que sin ellos no hay nada). Sea como sea, hay en la mayor parte de los casos una reacción en contra del cambio o la sucesión que se debe gestionar[128].

Lo mejor es que sean las propias personas implicadas quienes ayuden a desarrollar ese sistema de cambio. Si se han incorporado al cargo o han sido puestos con esos sistemas ya en marcha, es bueno que se les ayude a interiorizarlos y ver desde el inicio que ellos NO SON EL CARGO, ellos ESTÁN en el cargo. Por eso mismo, desde que llegan ya deben de estar pensando en que habrá un momento que deberán abandonarlo.

---

[127] Ver conversaciones de la familia Palote, pág. 264.

[128] La negación a ser sustituido en una empresa familiar puede tener significativas implicaciones emocionales, financieras y estratégicas. Es importante abordar este tema con sensibilidad y comprensión, reconociendo las complejidades inherentes a las relaciones familiares y empresariales. La comunicación abierta y el establecimiento de expectativas claras son fundamentales para gestionar este tipo de situaciones y promover un ambiente de confianza y respeto en la empresa familiar.

Planificar la sucesión se convierte así en un ejercicio de arte y técnica que requiere tiempo planificación e implicación de la familia. Es un tema vital y como tal ha de ser tratado con detalle y especificaciones claras en el desarrollo de sus normativas y órganos.

No olvidemos que La segunda causa de la desaparición de las empresas familiares es una inadecuada implantación de los planes de sucesión.

Con todo esto en mente, entro de nuevo en nuestro texto para poder comentar y profundizar sobre un tema que está presente y puede marcar el fin o crecimiento de la familia y por ende de la empresa familiar.

Sección 8. Planificación sucesoria[29]

8.1 Estrategias y planificación para la Sucesión Generacional:

8._._. Identificación de potenciales sucesores[130]

a. **Proceso de evaluación**

i. Se establecerá un proceso formal para identificar y evaluar a los potenciales sucesores dentro de la familia y aquellos que no formen parte de esta. [131]

---

[129] Lo primero que recomiendo es tener claro qué personas, puestos y/o funciones necesitan tener preparado un plan de sucesión. Sí, he dicho personas, ya que pensando en la familia, hay personas que no ostentan cargos ni responsabilidades de inicio, pero la función que realizan es indispensable. Permitidme el ejemplo medio ficticio de tía Paca: nunca ocupó cargo alguno en la empresa familiar, cuando se constituyó el Consejo de Familia y tampoco formó parte de la casa de fundadores en su familia. Sin embargo, durante más de 45 años se encargó de organizar una paella una vez al mes, a la que estaban invitados todos los miembros de la familia; si alguno no iba a ir por un conflicto con otro miembro o por lo que fuera, ella de una u otra forma hacía que finalmente viniera. En esas reuniones se creó una zona neutral para el intercambio de ideas y solución de conflictos. Estaban en casa de tía Paca: «Aquí no se discute, aquí se construye. Y después se come», decía. Al irse, se creó un vacío, pero la familia pudo en un tiempo encontrar otra persona que mantuviera lo que ella hacía. No, nunca será la tía Paca. Pero toda la familia continúa teniendo ese espacio, esa reunión para fortalecer su cohesión, vivir sus valores y enorgullecerse de su legado.

[130] Esta búsqueda de candidatos no tiene por qué solo centrarse en los miembros de la familia, en algunos casos es la mejor opción para que se incorpore talento de fuera, que si bien no será miembro de la familia, sí puede hacer un servicio a la familia si esta no encuentra entre sus miembros el candidato adecuado.

[131] Este proceso ha de ser detallado para que dote de cierta flexibilidad a los responsables para poder incluir en el análisis a los que consideren mejores candidatos para las funciones o responsabilidades a cubrir. Recomiendo encarecidamente que la valoración de los candidatos que se realice tanto

ii. Este proceso considerará habilidades, experiencia, valores familiares y compromiso con la visión a largo plazo de la empresa.[132]

b. **Desarrollo de capacidades**[133]

i. Se implementarán programas de desarrollo de capacidades para preparar a los sucesores potenciales en áreas clave del negocio y liderazgo.

ii. La mentoría[134] y la participación en proyectos estratégicos serán componentes esenciales[135].

---

por un comité interno como una valoración externa que pudiera en el caso de los familiares aislar cualquier interacción emocional o relacional que pudiera existir para conseguir de esta forma la evaluación más pura posible.

[132] Definir los criterios objetivos de valoración, así como los subjetivos y el peso de cada uno en la decisión creará claridad y evitará conflictos o disputas llegado el caso, y si se produjeran habría una guía en la que apoyarse de forma neutral para la resolución, ayudando a mantener la cohesión y el espíritu familiar.

[133] Como decíamos, la sucesión es un proceso, el cambio es solo la culminación de la primera parte del proceso. Y antes de llegar ahí, tras encontrar a los candidatos adecuados, se les debe proporcionar la formación, el conocimiento y la experiencia necesaria, así como la exposición a la familia, interacción con sus miembros para que, una vez llegue el momento, el proceso sea lo más suave posible y el candidato posea las herramientas necesarias para el desarrollo de sus nuevas funciones, ya sea en la familia o en la empresa.

[134] La asignación de un tutor o mentor en el proceso es algo que puede facilitar mucho la transición. Pero, ojo, mi recomendación aquí es que ese tutor o mentor nunca sea el miembro de la familia al que, llegado el momento, se tenga que sustituir. Hay apoyarse en una figura (ya sea de la familia o no) respetada por la persona que vaya a sustituir llegado el momento y que pueda ayudar a ambos en el momento de transición es, a mi entender, la mejor solución.

[135] En este caso, la familia estaba muy acostumbrada a trabajar por proyectos y, de esta forma, integraba a los próximos gestores o responsables. En otros casos he visto cómo se les integra haciéndolos oyentes del Consejo de Familia o del Consejo de Administración de la sociedad. Creando pequeños *summits*, donde se les presentan por los ejecutivos o miembros en activo de la familia situaciones reales y se les enfrenta a decidir de forma controlada, compartiendo con ellos de forma posterior qué se hizo y el

8.2 Planificación gradual[136]

a. Transición progresiva

i. La transición de liderazgo se llevará a cabo de manera progresiva, permitiendo que los sucesores ganen experiencia gradualmente hasta el momento del cambio y con un acompañamiento posterior a ambas partes, para reforzar y acompañar en sus nuevas atribuciones a ambos.

ii. La planificación temporal asegurará una transición sin contratiempos y minimizará interrupciones en la operación de la empresa y los conflictos en la familia que, de otra forma, pudieran producirse.

b. Involucramiento en decisiones estratégicas[137]

i. Los sucesores serán gradualmente involucrados en la toma de decisiones estratégicas, preparándolos para asumir roles más prominentes.

---

porqué de sus respuestas y/o actuaciones fueron o no acertadas. Como ya debemos tener interiorizado, aquí la forma en la que se haga es lo menos importante; lo relevante es que debe hacer para facilitar la sucesión y cada familia debe encontrar la forma y el modo que siendo efectivo vaya más acorde con sus valores y refuerce la cohesión familiar.

[136] Ya hemos hecho referencia a la sucesión es algo que requiere su tiempo, tanto de preparación de transición como posteriormente de seguimiento y refuerzo. Esto debe exponerse de forma clara para que todos los participantes entiendan que lo que se está haciendo es construir para, cuando llegue el momento, estar todos listos para realizar el cambio sin que las estructuras familiares y empresariales se resientan.

[137] Me permito incorporar este punto, tras verlo en varios documentos. ya que esto es como conducir un coche, para lo que se realizan prácticas. En esta situación veo algo fundamental: que enfrentemos a los posibles candidatos con la realidad familiar y empresarial. Hay casos en los que, aunque domine la teoría, cuando se han visto expuestos al estrés o tensión de determinadas situaciones, no han sido capaces de gestionarlo o, en el mejor de los casos, ha descubierto que no era lo que quería, ahorrando muchos problemas que de otra forma tanto la familia como la empresa habría tenido que enfrentar.

ii. La transparencia en la planificación sucesoria se fomentará para mantener la confianza de todos los miembros familiares.

8.2 Consideraciones emocionales y financieras en la transición[38]

8.2.1 Diálogo familiar
a. Facilitación de conversaciones
i. Se designará un facilitador externo para ayudar en las conversaciones familiares sobre la planificación sucesoria.

ii. El facilitador asegurará un diálogo abierto y honesto, abordando inquietudes emocionales y expectativas.

b. Gestión de conflictos
i. Se establecerán procedimientos claros para la gestión de conflictos durante la transición sucesoria.

ii. La intervención temprana y la mediación serán utilizadas para resolver disputas familiares de manera constructiva.

8.2.2 Consideraciones financieras
a. Evaluación de impacto financiero
i. Se realizará una evaluación exhaustiva del impacto financiero de la transición sucesoria en la empresa y en los miembros familiares involucrados.

ii. Se buscarán soluciones financieras que aseguren la estabilidad y continuidad del negocio.

---

[38] Este punto solo lo encontré en un texto, me pareció tan importante y no pude dejar de alabar la visión de la familia y de sus gestores cuando pusieron algo que se da por sentado (aunque la mayor parte de las veces no se hace): la importancia del acompañamiento, tanto a quien llega como a quien se va, que se encuentra con el duelo y el impacto emocional que este puede tener. Pero no solo llegaron hasta ese punto, sino que fueron capaces de ver que el valor económico de algunas posiciones también era uno de los hándicaps para tener una vida sana en la familia en cuanto a rotación e incorporación de las nuevas generaciones.

b. **Planificación patrimonial**

i. Se implementará una planificación patrimonial para asegurar la distribución equitativa de activos entre los miembros familiares.

ii. La minimización de posibles impuestos y la protección del patrimonio serán objetivos clave.

Como hemos visto, este es uno de los temas más vitales a los que deberá enfrentarse la familia y, por ende, la empresa familiar llegado el momento, por lo que no se deben escatimar recursos esfuerzos, trabajo y nivel de detalle en la preparación y gestión previa, ya que todo eso revertirá de forma positiva y exponencial en el momento de la sucesión. Eso nos llevará, cuando llegue el momento, a que se haga de una forma suave, sin incidencias y teniendo al mejor sustituto para cada uno de los puestos vitales, tanto de la familia como de la empresa[139].

Este punto crucial no puede ser dejado de lado sin destacar la relevancia de la Comisión de Sucesiones y Nombramientos[140], la cual estará basada en lo que respecta a la sucesión en las normas y características que aquí se decidan.

Este órgano, dada la magnitud de su responsabilidad en la gestión de procesos sucesorios, se erige como el pilar que coordinará, guiará y supervisará cada fase de este trascendental proceso. Como hemos subrayado anteriormente, el proceso de sucesión no solo involucra la transición de liderazgo, sino que también tiene profundas implicaciones para la continuidad y la salud a largo plazo de la familia y la empresa familiar. Se trata de un proceso en el cual la sucesión solo es uno de los pasos que lo integran

---

[139] Me permito aquí poner un ejemplo de lo que sucede en caso contrario, con una mala planificación y gestión sucesión en una empresa familiar. Como sucedió en la sucesión en El Corte Inglés de Dimas Gimeno.

[140] La trataremos de forma particular en el punto 4.3.2, con la Comisión de Sucesión y Nombramientos.

En el caso de que, por diversas razones, no exista una comisión específica de sucesiones y nombramientos, mi recomendación enfática es que la preparación, guía, ejecución y seguimiento de los procesos de sucesión o cambio se integren dentro del ámbito de responsabilidad del Consejo de Familia. Este enfoque garantiza que el proceso sea abordado con la seriedad, la visión integral y el compromiso necesario para salvaguardar los intereses familiares y empresariales.

La Comisión de Sucesiones y Nombramientos o, en su ausencia, el Consejo de Familia, desempeña un papel fundamental al proporcionar una estructura organizativa y un conjunto de prácticas sólidas para orientar la transición generacional, que se basará, como ya hemos comentado, en lo acordado en el protocolo familiar.

Continuemos ahora con los puntos, que aun pareciendo los más formales, no dejan de dotar al documento de los apoyos necesarios en caso de ser necesario exigir su aplicación y de remarcar que la documentación que se maneja no es y no debe ser de acceso a abierto, aunque nos encontremos en un entorno familiar.

9. CONFIENCIALIDAD

Aunque hemos insistido durante todo este texto en la comunicación y compartir la información dentro de la familia para fortalecer la cohesión familiar y el sentido de permanencia, debemos entender que hay cierta información que solo puede ser gestionada por las personas que, por el desarrollo de su cargo o función, la necesitan. Esta información no puede ni debe hacerse extensible a toda la familia.

Esto es aplicable tanto a la información familiar como a la de la empresa, ya que en algunas empresas familiares, como ya hemos visto, no solo se gestionan temas empresariales, sino también personales.

Entrando de nuevo en nuestro *collage* de protocolo, las ideas que deberíamos analizar en el caso particular de cada familia en este punto podrían ser las siguientes.

Sección 9. Confidencialidad

9.1 Normas de confidencialidad sobre asuntos familiares y empresariales

9._._ Alcance de la confidencialidad
a. **Asuntos familiares**[141]

i. Se establecerán normas estrictas de confidencialidad respecto a asuntos familiares que no estén destinados a ser compartidos fuera del círculo familiar.

---

[141] Aquí no sólo se refiere a temas económicos, sino también a relaciones, propiedades, viajes, pertenencia o no a determinados clubes o afiliaciones efectivas o, por simpatía, a determinados partidos políticos o ideologías. Como vemos, las materias son muy diversas y en la actualidad, con la información fluyendo con suma rapidez (redes sociales, internet, ...), hay que reforzar el mensaje de que la información que uno tiene acceso (por ejemplo: dónde veranea mi tío), no debe hacerse pública ni compartirla con terceros.

ii. La privacidad de las relaciones familiares se considerará funda-mental para mantener la armonía y la confianza.[142]

b. **Asuntos empresariales**[143]

i. La confidencialidad también se aplicará a información estratégi-ca y financiera de la empresa.

ii. Los miembros familiares se comprometerán a no divulgar in-formación confidencial a terceros no autorizados.

9·_·2 Procedimientos de gestión de información confidencial

a. **Acceso restringido**[144]

i. Se establecerán niveles de acceso a la información, garanti-zando que solo aquellos que necesiten saber tengan acceso a datos confidenciales.

ii. El acceso se revisará periódicamente para garantizar la nece-sidad continua[145].

---

[142] Vemos que reforzar el mensaje de la confidencialidad, no por capricho, sino fundamentado en mantener la armonía y la confianza familiar, aporta un valor superior a este ejercicio, lo que ayuda a explicarlo y a defenderlo, llegado el caso de que surja alguna incidencia o problema.

[143] Ya comentamos que la confidencialidad también es propia de los asuntos empresariales. Me permito comentar un caso de lo más común: un miembro de la familia está en el Consejo de Administración de una sociedad (en este caso, cotizada) y el resto de los familiares le piden comparta las discusiones o temas que se tratan en el consejo. No se puede, ¿cómo entonces toma la familia la decisión sobre temas relevantes o reservados para indicar el sentido del voto a este consejero si se diese el caso? Hay sistemas y formas para poder hacerlo, pero siempre respetando la confidencialidad y las nor-mativas legales vigentes, que afectan al consejero y a los accionistas.

[144] Como ya dijimos, tanto la información personal como empresarial solo debe estar disponible para quien deba hacer uso de ella con base en su función y/o cargo. Nunca debe ser de libre acceso.

[145] Introducir un sistema de revisión en el acceso a la información es una práctica sana, que además ayuda a dinamizar la gestión familiar y empresa-rial. ¿Cuántas veces a alguien que ocupó un cargo y lo dejó, simplemente

b. **Protección de documentos**[146]

i. Los documentos físicos y electrónicos que contengan información confidencial se protegerán mediante medidas de seguridad adecuadas.

ii. Se fomentará la conciencia sobre la importancia de la seguridad de la información.

9.2 Protección de la privacidad de los miembros familiares [47]

9.2. Información personal
a. **Privacidad financiera**

i. La información financiera personal de los miembros familiares se considerará confidencial y no será compartida sin consentimiento expreso.

ii. Las revisiones financieras se realizarán de manera discreta y solo cuando sea necesario.

b. **Asuntos personales**

i. Los asuntos personales de los miembros familiares se tratarán con respeto y discreción.

---

por ascendencia se le permite ver o tener acceso a información que ya no le corresponde?

[146] Un punto que he visto aparecer de forma progresiva, ya que de inicio (tengamos en cuenta la antigüedad de las empresas familiares) se daba por hecho. Actualmente, con el uso de las nuevas tecnologías y normativas de protección de datos, unido a los riesgos que conlleva la pérdida de determinada información, considero que es importante remarcarlo y hacerlo visible para que todos los implicados y miembros de la familia sepan de la relevancia de la custodia de la información.

[147] En línea con el anterior, introducir cobertura para dar tranquilidad a la familia y sus miembros del trato de su información es algo relevante, más si como empresa familiar y familia haremos gestión, apoyo o ayuda a temas particulares de los miembros.

ii. La comunicación respetará los límites individuales de privacidad.

Hemos de tener en cuenta a los distintos destinatarios, con edades diferentes y aproximaciones totalmente dispares a la realidad y a la gestión de la información. Pensemos por ejemplo en un joven de 17 años (RRSS, internet, que siente la necesidad de estar conectado y compartir), que ha sido identificado como potencial sucesor, entra en un programa de formación en el que se le muestran diferentes aspectos de las empresas (visitas a fábricas, reuniones con ejecutivos, asistencia a reuniones...) o de la familia (asistencia al Consejo de Familia, comité económico...) y comparte fotos tomadas dentro de las fábricas o, peor aún, dentro de la sala de reuniones, en las que se ve documentación en la mesa.... Remarco que la importancia de la confidencialidad y la gestión de la documentación e información se hace hoy más que nunca vital.

10. DISPOSICIONES LEGALES

Como cualquier norma que tiene impacto en las personas y las organizaciones de las que estas forman parte, se debe establecer el cuerpo normativo sobre el que se sustenta el protocolo.

Aquí sí quiero remarcar que en el caso de que la familia controle la empresa (o en su defecto la empresa que aglutine la participación familiar), la empresa debe ser consciente de la existencia del protocolo y adherirse a él como firmante,[148] lo que facilitará su implementación y desarrollo posterior.

Sigamos, pues, con el último punto de nuestro *collage* de protocolos, en el que veremos los puntos e ideas a tratar en esta sección.

Sección 10. Disposiciones legales

10.1 Cumplimiento de las leyes y regulaciones relevantes

_0_._._ Compromiso con el cumplimiento
a. **Identificación y seguimiento**

i. La familia y la empresa se comprometen a identificar y seguir todas las leyes y regulaciones relevantes que afecten a la operación del negocio y las relaciones familiares.[149]

ii. Se asignarán responsabilidades específicas para el monitoreo continuo del cumplimiento[150].

---

[148] Profundizaremos más en el momento que expliquemos quién tiene que firmar y aprobar el protocolo familiar.

[149] Parece obvio, pero incluirlo en el protocolo con un proceso de revisión de normativa aplicable y posibles cambios por parte del Consejo de Familia es una práctica saludable, que refuerza este compromiso.

[150] Como decía, establecer quién se encarga y quién es el responsable es parte vital para evitar zonas huecas u olvidos que pudieran traer algún tipo de riesgo a la compañía.

b. **Capacitación en cumplimiento**[151]

i. Se proporcionará capacitación regular a los miembros familiares y empleados sobre las leyes y regulaciones que afectan a la empresa.

ii. La formación asegurará la comprensión y el cumplimiento de las normativas vigentes.

10.2 Documentación legal relacionada con la empresa y la familia

10.2.1 Mantenimiento de documentación
a. **Documentación empresarial**

i. Se mantendrá una documentación completa y precisa relacionada con la empresa, incluyendo acuerdos legales, contratos y registros financieros.[152]

ii. La documentación facilitará auditorías y demostrará el cumplimiento normativo.

---

[151] Este punto lo traigo, ya que lo encuentro más que apropiado. En el texto está referenciado a la Comisión de Formación (en su caso hablan de Consejo Educativo) y la responsabilidad de este de formar propietarios responsables, lo que incluye que puedan y deban entender las normativas aplicables, tanto en sus negocios como en la familia.

[152] Establecer sistemas oficiales de documentación puede parecer hoy en día algo innecesario, pero en el ámbito empresarial familiar he visto acuerdos que nunca se pusieron en papel y cuando los artífices no estuvieron, surgieron muchos problemas para mantenerlos o, en su caso, entenderlos. Así que incorporar la obligación y la responsabilidad dentro del protocolo es algo que no está de más y puede servir de ejercicio para regularizar aquellas situaciones históricas, sin que ello se tome como una supervisión o cambio.

b. **Documentación familiar**[153]

i. También se mantendrá documentación legal relacionada con asuntos familiares, como acuerdos de propiedad y disposiciones sucesorias.

ii. Esta documentación respaldará la planificación y transparencia en asuntos familiares.

Hasta aquí llegaría nuestro *collage* de protocolo de la Familia PALOTE. Como veis, hemos tratado temas de lo más diversos. Siguiendo vuestros consejos, en vez de desarrollar los textos, os he esbozado las ideas y puntos que cada familia debería tratar para dotarse de una herramienta que les ayude en la preservación de su legado y defienda la cohesión familiar.

Habiendo visto lo mínimo que debe incluir un protocolo, deberíamos pasar a un punto no menos importante: **quién debe participar en la redacción de un protocolo familiar**. Aquí, como en todas las respuestas que hemos ido trabajando, dependerá de la familia y en el momento que se encuentre.

A efectos puramente didácticos, separaré aquellas familias que ya tienen una cierta estructura (puede ser un consejo de administración compuesto en su totalidad por miembros de la familia en la empresa, una reunión anual fija obligatoria para todos los miembros de la familia[154] o aquellas que no tienen nada de eso.

---

[153] En su texto original, este punto recogía específicamente que los miembros de la familia debían compartir sus últimas voluntades con el consejo de primeros (nombre que usaban para la generación fundadora) y que este sería garante de la voluntad, así como del bien superior de la unidad y cohesión de la familia y empresa. Como vemos, es otra forma de control a la transmisión. Al superar ese miedo, se convierte en una herramienta de ayuda y planificación, ya que si se conoce la posible evolución de la propiedad, se puede trabajar para que ese cambio llegado el momento sea lo mejor para todos.

[154] Podría ser el germen de la Junta Familiar, o funcionar como tal sin haber sido designado formalmente. Me he encontrado casos en los que hay familias que han desarrollado el Consejo de Familia, la Junta de Familia...

En las primeras, debemos involucrar a esos órganos en la redacción. Esta involucración no quiere decir que todos hayan de participar en el proceso de redacción, puede que se nombren representantes o una pequeña comisión encargada para eso. Pero sí han de estar en la revisión y aprobación del documento.

Por otro lado, en las que carecen de ninguna estructura u órgano, mi recomendación es incorporar a las personas que estén tiendo un papel activo o de referencia, tanto en la empresa como en la familia.[155]

Partiendo de ese punto, en ambos casos debemos incluir a miembros de diferentes generaciones y a todas las ramas de la familia; será este grupo quien tenga que realizar las preguntas y retos que hemos ido comentando.

Para apoyarles y darles la estructura jurídica necesaria, mi recomendación es contar con abogados especializados, preferentemente que conozcan a la familia[156].

Además, es bueno incorporar en el proceso a profesionales externos para que asesoren y apoyen en la redacción de temas de vital importancia, como son la sucesión, la búsqueda de talento en la familia o la formación. Es algo muy recomendable, ya que dotarán el protocolo de su experiencia y de posibilidades que probablemente la familia desconocía.

En algunos casos, al entrar en temas que generan conflicto y posturas muy opuestas, puede ser necesario contar con consultores especializados en mediación o resolución de conflictos. No es

---

de una forma natural, pero sin dotarlos de la cobertura de un protocolo o una normativa escrita.

[155] Puede que en algunos casos las figuras coincidan, pero en otros muchos veremos que personas desconectadas del negocio tienen un gran poder/ influencia en la familia y en el desarrollo de la empresa (recordad a la tía Paca).

[156] En el caso de tener en la empresa familiar el control total y existir un Consejo de Administración con un secretario externo que sea abogado, es muy común que sea él o alguien recomendado por él quien asuma este papel.

algo que vea como positivo, ya que llegar a un punto de distancia tal que no se pueda avanzar va en contra del principio de cohesión familiar. Pero en el caso de que todo el protocolo quede bloqueado por algún tema,[157] creo más importante apoyarse en conocimiento y capacidades externas que en bloquear todo el proceso.

Por último, pero no menos importante, es contar en todo este proceso con expertos en empresas familiares que puedan brindar conocimientos, experiencias y mejores prácticas, con la intención de ayudar a la adaptación del protocolo a las particularidades de cada familia.

De nuevo os digo que esto no es más que una guía con base en los casos que he podido conocer o participar y que, como siempre, se impone la propia familia y sus particularidades a la hora de la redacción de esta norma. Pero sí puedo deciros que contar con estos perfiles ayudará y reforzará el documento final.

No querría dejar el tema del protocolo sin tratar un último punto, que no es otro que **¿cómo o quién lo aprueba una vez está terminado?** Todo lo que en este momento tendremos en papel es muy posible que no esté en marcha, por lo que carecemos de los órganos que en principio podría erigirse como representantes de la voluntad familiar para ratificar esta norma.

Aquí, mi recomendación es que lo firmen todos los miembros de la familia que sean propietarios, así como aquellos miembros relevantes dentro de la familia que pudieran no tener participación; la aprobación debería ser por unanimidad.

Como indicamos en el punto diez de nuestro *collage* de protocolo, es muy recomendable que la/s empresa/s controladas por la familia sean conocedores de este acuerdo, ya que hay temas que les impactarán directamente, por lo que mi recomendación es que siempre que exista ese control por parte de la familia o la empresa,

---

[157] Normalmente son reparto de poder, asientos de representación y temas económicos.

también firmen el documento para hacerse conocedoras de este y copartícipes de su aplicación dentro de su ámbito.

Con esto daríamos por terminada la revisión de la norma conocida como protocolo familiar y que, como hemos podido comprobar, será el eje sobre el que se desarrollen normativas menores (normativa del Consejo de Familia, de la Comisión de Formación...) y la norma de consenso, en caso de existir alguna discrepancia o disparidad de opiniones.

4. Órganos

Continuaremos ahora nuestro viaje por los diferentes órganos que pueden encontrarse en una familia empresaria y el reflejo que estos tienen, tanto en su funcionamiento como en las funciones de algunos órganos empresariales, pero con un foco diferente en sus actuaciones.

Esto se debe a que la estructura organizativa de una empresa familiar implica la creación de órganos específicos que facilitan la toma de decisiones, promueven la comunicación efectiva y aseguran la continuidad generacional; es decir, están enfocados a la familia y a la relación de esta con la empresa, no a la gestión directa de la empresa, si bien pueden tener un impacto vital en las decisiones estratégicas de las empresas en las que participan.

Esta dualidad de órganos (familia/empresas) puede llevar a que, en algún momento, exista cierta confusión entre diferentes órganos, debido a que estén compuestos por los mismos miembros. En ese caso, la responsabilidad de las personas es actuar en cada momento con base en la naturaleza propia de cada órgano, evitando confundir o mezclar funciones y manteniendo la separación entre la familia y la empresa.

Sería imposible realizar un enunciado exhaustivo de todos los posibles órganos de una familia, por lo que me centraré en los más comunes[158]:

- Junta Familiar
- Consejo de Familia
- Consejo de Fundadores
- Comisiones
    - i. Formación
    - ii. Sucesión y Nombramientos

Comencemos, pues, el análisis de los diferentes órganos, el cual lo realizaremos comentando los principales puntos en cada uno de ellos: función, miembros, periodicidad de reuniones, temas que tratarán... para finalmente dar una orientación de todos los puntos que deberá tener la normativa concreta del órgano, siempre dentro del espacio marcado y definido por el protocolo familiar.

4.1. Junta Familiar

La Junta Familiar es un órgano crucial en una empresa familiar, sirviendo como foro donde los miembros de la familia pueden discutir asuntos importantes relacionados con la familia y mantenerse informados de la empresa[159].

---

[158] Quiero recordar que usaré la nomenclatura más común, pero que cada familia puede dar el nombre que estime a un órgano que haga la misma función. A modo de ejemplo; Junta Familiar, Asamblea Familiar o Clan Mayor son tres nomenclaturas distintas para un órgano que en los tres casos cumple las mismas funciones.

[159] Vemos aquí una similitud con la Junta General en la empresa, donde están representados todos los accionistas. Aquí, en cambio, hablamos de todos los miembros de la familia, sean o no propietarios. Es un órgano con foco en la familia, no en la empresa, si bien eso no hace que no deba estar informado de las evoluciones empresariales

Como ya hemos visto, en otros aspectos de su estructura, sus funciones pueden variar según las necesidades y la complejidad de la familia y el negocio. Siempre se mantendrá como el órgano central, en el que todos los miembros de la familia, propietarios o no, estén representados.

Su función principal es proporcionar un espacio para discutir temas importantes relacionados con la familia, fomentando la cohesión y la participación. Pero también puede usarse para informar de temas empresariales a toda la familia sean propietarios o no.

La Junta Familiar puede abordar asuntos como la visión, la misión de la familia, la planificación patrimonial y la transparencia en la comunicación. Siempre desde la visión conjunta de la familia.

Entre los participantes en la Junta Familiar se incluyen todos los miembros de la familia que tienen un interés en la empresa. Esto puede abarcar a fundadores, sucesores, cónyuges y otros miembros que deseen[160] participar.

Para garantizar una representación equitativa y, en el caso de amplias audiencias, se pueden designar representantes de cada generación. Esto ayuda a integrar perspectivas diversas y a abordar las necesidades cambiantes de la familia a lo largo del tiempo.

Esta designación también ayuda a la gestión de los tiempos y los temas a tratar en la Junta, a la vez que va creando conexión y grupos de contacto más pequeños, que ayudan a la interacción y, por ende, a la cohesión familiar.

Nos referimos a los fundadores de la empresa o las generaciones más antiguas, que fueron los que establecieron las bases y valores iniciales, con las generaciones más jóvenes involucradas

---

[160] No puede obligarse a nadie a asistir, pero en las mejores prácticas se concretan en las familias que mantienen al menos una reunión anual con todos sus miembros. Estas familias tienden a gozar de una mayor cohesión y unión entre sus miembros.

en la gestión y liderazgo del futuro. Como aquellos familiares directos que desean participar activamente y contribuir encuentran un espacio común para el debate, intercambio de ideas y creación de consensos.

Los temas para tratar en una Junta Familiar son amplios. Por centrarnos en los principales que necesitan de esa actuación y acuerdo conjunto de toda la familia, me fijaría en los que con más frecuencia he visto:

La visión y misión familiar. La Junta Familiar se convierte en el espacio donde discutir y revisar la visión y misión de la familia, alineándolas con los valores fundamentales y los objetivos a largo plazo.

Las políticas familiares que se aprueben afectarán de forma directa a todos los miembros de la familia. Entre estas se pueden incluir cuestiones como la participación en la empresa, la propiedad de acciones y la distribución de beneficios.[161]

La comunicación e interacción familiar. Supone desarrollar estrategias para mejorar la comunicación familiar y establecer procesos efectivos para la resolución de conflictos, así como la fijación de eventos familiares que fortalezcan lazos y creen espacios de intercambio.

Un tema importante es la gestión coordinación y mantenimiento del patrimonio familiar conjunto (piensen en grandes palacios, fincas...), que no es de nadie, sino de todos.

---

[161] Aquí hemos de tener en cuenta que en el caso de que no todos los asistentes a la Junta Familiar sean propietarios, habrá determinados temas que la votación solo será de los propietarios. Por hacer más visible el ejemplo: en una Junta Familiar pueden estar un padre, una madre sus tres hijos y la pareja de uno de ellos, todos en calidad de miembros de la familia con voz y voto en temas familiares. Sin embargo, en el voto sobre la distribución de beneficios, la madre —que es la propietaria— será la que vote en representación de su porcentaje.

Es también normal que en la Junta Familiar, al menos una vez al año, como ya habíamos comentado, se haga una revisión de la evolución y perspectivas de los negocios de la familia, así como que en algún caso se dé por parte de un experto una visión del sector o mercado a toda la Junta Familiar, para reforzar el conocimiento y conexión de toda la familia.

La Junta Familiar se reúne periódicamente como mínimo una vez al año, como si de una junta general de accionistas se tratase. También puede ser convocada de forma excepcional (con base en el mecanismo que se haya diseñado) para tratar los temas o necesidades de la familia que surjan fuera de sus reuniones habituales.

Es aconsejable que, sobre la base de lo diseñado en el protocolo, se desarrolle una normativa detallada de la Junta Familiar; eso es esencial para establecer las reglas y procedimientos que guiarán su funcionamiento.

Esta normativa debe ser clara y comprensible para todos los miembros de la familia involucrados. Destaquemos algunos elementos claves que podrían incluirse en la normativa de una Junta Familiar:

1. **Propósito y objetivos**
    - Declarar el propósito principal de la Junta Familiar, que puede incluir la promoción de la comunicación efectiva, la toma de decisiones colaborativa y la preservación de los valores familiares.
    - Además, establecer que para cada reunión se deben centrar los objetivos específicos a lograr/acordar.
2. **Composición de la Junta**
    - Definir quiénes son los miembros elegibles[162] para formar parte de la Junta Familiar. Esto puede incluir a fundadores,

---

[162] Ya hemos comentado que los miembros deben ser todos los miembros de la familia. Si bien, para garantizar el buen funcionamiento del órgano, la participación o intervención puede ser regulada.

sucesores, cónyuges u otros miembros interesados, como ya hemos comentado.

- Definir si existe la posibilidad o no de la figura del representante, ya sea de generaciones o rama de familia o ambos.[163]

3. **Periodicidad de las reuniones**

- Como mínimo, recomiendo una vez al año, aunque en las mejores prácticas he visto dos reuniones anuales, con el objetivo de separar el reporte a la Junta de Familia de los temas familiares y de los propios de la empresa.

- Este órgano, con base en la normativa correspondiente, podrá convocarse cuando sea necesario en base a los temas que haya que tratar.

4. **Convocatoria y preparación de reuniones**

- Establecer cómo se convocarán las reuniones ordinarias y extraordinarias (quién puede convocarlas, cómo hacerlo, plazo desde la convocatoria...) y con un foco especial en quién será responsable de preparar la agenda, qué temas se van a tratar, especificando si son puntos meramente informativos o sobre los que la Junta debe tomar una decisión.

- Me permito resaltar la importancia, para su correcto desarrollo y funcionamiento, de que se definan los plazos para la distribución de documentos relevantes antes de cada reunión, así como el formato de la documentación

5. **Procedimientos de toma de decisiones**

- Especificar cómo se tomarán las decisiones en la Junta Familiar. Esto puede incluir el voto mayoritario (mitad más uno, 3/5 partes de los presentes...), el consenso o cualquier

---

[163] Ya hemos comentado que, en caso de disparidad o un número amplio de miembros, es bueno buscar quien pueda agregar, unir voluntades y necesidades de una generación o rama. Eso, siempre ayuda al desarrollo de la Junta y a reforzar la cohesión familiar.

otro método preferido por la familia. También hay que abordar cómo se manejarán los desacuerdos.

6. **Participación respetuosa**
   - Fomentar la participación respetuosa de todos los miembros. Establecer normas para la comunicación durante las reuniones, garantizando que se escuchen todas las voces y se respeten las opiniones divergentes.[164]

7. **Confidencialidad**[165]
   - Enfatizar la importancia de la confidencialidad en relación con los asuntos discutidos en la Junta Familiar. Especificar qué información puede o no puede ser compartida fuera de la junta.

8. **Roles y responsabilidades**[166]
   - Definir los roles y responsabilidades de los miembros de la Junta Familiar, incluyendo si hay cargos, como presidente o secretario, entre otros. Especificar las funciones de cada rol. Lo más importante: definir quién será designado, por cuánto tiempo y cuáles son las responsabilidades de cada cargo o función

9. **Evaluación y revisión de la normativa**
   - Establecer procedimientos para la revisión periódica de la normativa de la Junta Familiar. Esto puede incluir revisiones anuales para garantizar que la normativa siga siendo relevante y eficaz.

10. **Proceso de inclusión y exclusión**[167]

---

[164] Vimos en el estudio del protocolo que normalmente se establecen mecanismos para dar voz y representación a todos los miembros de la familia. Más si cabe en la Junta Familiar, como órgano central de la familia.

[165] Tema que deberá desarrollarse en línea con lo definido en el protocolo.

[166] La definición debe partir del protocolo y los rasgos que allí se definan, pero profundizando y aclarando cualquier duda que pudiera existir.

[167] Este es un tema complicado, ya que pueden darse situaciones en las cuales algún miembro de la familia pueda o deba ser expulsado/apartado de la

- Especificar cómo se integran nuevos miembros a la Junta Familiar y bajo qué circunstancias alguien puede ser excluido. Establecer criterios claros para la inclusión y la exclusión.

11. **Facilitadores externos**[168]
- Definir la posibilidad de contar con facilitadores externos, como consultores familiares, en las reuniones de la Junta y establecer pautas para su participación.

12. **Reglas para la resolución de conflictos**[169]
- Establecer procedimientos para la resolución de conflictos dentro de la Junta Familiar, definiendo cómo se abordarán los desacuerdos y disputas.
- Como vemos, la normativa de la Junta toca muchos temas que ya esbozaron en el protocolo, pero que deben ser profundizados y especificados para facilitar la actuación de la Junta Familiar, evitando el conflicto entre sus miembros.

4.2. Consejo de Familia

El Consejo de Familia es el órgano más ejecutivo de la familia, cuyo eje fundamental debe ser proteger los intereses de la familia a largo plazo y asegurar la cohesión familiar para que esta sea capaz de canalizar la posible (casi segura) complejidad familiar, que surge en el paso de las generaciones y ante las vicisitudes empresariales. Es esencial respetar y defender la independencia de la familia y la empresa.

Junta... pero no de la familia. La normativa que se desarrolle en este punto deberá estar en línea y coordinada con el protocolo y la constitución familiar, en caso de existir

[168] Para facilitar el funcionamiento, siempre aconsejo incluir cómo y cuándo podrán asistir a los órganos los colaboradores externos a la familia, ya que, si establecemos reglas claras, evitaremos conflictos llegado el momento.

[169] Un punto básico es dotarse de una salida de emergencia para evitar bloqueos o que se enquisten temas que pueden terminar dañando a la familia y, por ende, a la empresa.

Así, en el Consejo de Familia se cuida de la familia, separando esta de la empresa y tratando los temas empresariales que pueden tener impacto en la familia, gestionando ese complejo triangulo que es la propiedad, la gestión y el gobierno en la empresa, mientras cuida y protege el legado familiar y a todos sus miembros.

Se convierte así en una herramienta básica para dar estabilidad y seguridad a la empresa, la cual estará a salvo de que los criterios familiares inunden su estructura y funcionamiento, pues el Consejo de Familia gestionará esa interacción, cuidando y protegiendo a la familia mientras fortalece a la empresa. Se mueve así entre dos grandes retos: potenciar la unidad familiar y mantener la continuidad de la empresa.

Es por eso por lo que siempre he abogado por separarlo del Consejo de Administración de la empresa, aunque en la mayor parte de los casos, el cien por cien o casi de sus miembros son los mismos, aunque las funciones que tienen que realizar son muy diferentes, como acabamos de enunciar.

El Consejo de Familia enunciará normas y políticas[170] relacionadas con la familia y sus órganos. Normalmente, el primero de esos trabajos suele ser esbozar o trabajar en el protocolo familiar (sí, ya lo sé: ¿qué va antes?, ¿el huevo o la gallina?, ¿el consejo o el protocolo?[171]).

Llegamos, pues, a quien debe formar este órgano. Como una norma general, diría que deben estar representadas todas las

---

[170] Puede ser, como hemos visto, que algunas de estas, tras su preparación, requieran la aprobación en la Junta de Familia para su plena efectividad. De nuevo, es un tema que deberá estar claramente especificado y desarrollado en el protocolo y en la normativa propia de este órgano.

[171] Para mí, no es complicado encontrar respuesta a esta pregunta: los miembros de la familia que se organizan impulsan el protocolo, están actuando como Consejo de Familia sin saberlo y sin serlo oficialmente. En todos los casos que me han comentado y he podido ver, los miembros de la familia que asumen ese liderazgo son los primeros miembros del Consejo de Familia, cuando este está oficialmente constituido.

ramas de la familia. Eso, en un principio, podría ser fácil, pero con el paso del tiempo puede que esa separación no sea tan clara o que nos lleve a tener un consejo con demasiados miembros como para que fuese un órgano funcional.

Mi recomendación en este tema es que sea un numero impar de miembros: lo óptimo es que no pase de siete o nueve; si por necesidades familiares debemos exceder ese número, mi recomendación es crear una comisión ejecutiva familiar con un número más reducido y que sea ella quien se reúna mensualmente para la gestión ejecutiva, dejando la comisión familiar ampliada para reuniones trimestrales o, en su defecto, para cuando haya que tomar decisiones que por mayorías o importancia del asunto así lo establezcan el protocolo o la normativa del propio Consejo Familiar.

Lo que sí es importante es que este órgano no debe moverse por la propiedad de la empresa, sino por la pertenencia a la familia[172]. Por eso mismo, es importante que cuando se constituya, lo primero que haga sea limpiar y solucionar cualquier problema del pasado de la interacción familiar. Aquellas reivindicaciones o quejas pendientes de cualquier familiar o rama deben ser perdonadas u olvidadas[173]. La familia se está dotando de un espacio para crecer cohesionadamente y fortalecerse como familia, por lo que no se debería permitir que antiguas rencillas o sinsabores perduraran de generación en generación o viciaran el funcionamiento del Consejo de Familia

---

[172] Al contrario que en el Consejo de Administración de las empresas, en los cuales la asignación de puestos es proporcional a la participación (control) del capital social de la empresa.

[173] Esta es una afirmación fácil de hacer, pero llevarlo a la práctica supone un ejercicio de responsabilidad, desprendimiento y superación de los egos personales, algo de suma complejidad en muchos casos. Es necesario que el Consejo de Familia nazca libre de lastres del pasado, por lo que es un trabajo que ha de realizarse y, en el caso en que sea necesario, recurrir a asesores/ expertos externos que nos permitan dar ese paso.

Por eso mismo, este órgano debe dotarse de formalidad y reglas, no es un espacio de *colegueo* entre la familia ni para relanzar o airear rencillas. Es un órgano para tomar decisiones en equipo, de forma colegiada. Por eso, es relevante tener agenda con temas concretos, especificando qué se espera del Consejo de Familia, mantener un libro de actas, comunicar de forma efectiva y eficiente las decisiones, tanto a la familia como a la empresa, en caso de que afecten a esta. Son tareas que el Consejo Familiar podrá llevar a cabo solo con constancia, rigurosidad y la unidad de sus miembros. Estas tareas son imprescindibles para la familia y la empresa que se realicen.

De este órgano, dependerán las distintas comisiones que hemos comentado, con especial importancia a la de Formación y la de Sucesión y Nombramientos. Por resaltar otro punto, en relación con estas comisiones, hay que destacar la importancia del Consejo de Familia, que es quien dotará de objetividad a las decisiones de los miembros de la familia que, recordemos, serán hijos y hermanos de otros.[174]

Como hicimos con la Junta Familiar, expondremos aquí los principales puntos a determinar en la normativa del Consejo de Familia, que deberá quedar abarcado en lo aprobado y marcado por el protocolo.

Esta normativa del Consejo de Familia establece las reglas y procedimientos que guiarán su funcionamiento. Su objetivo es

---

[174] Creo que la prueba más evidente que he visto del buen funcionamiento de un Consejo de Familia ha sido cuando, tras la aprobación en el Comité de Formación y el Comité de Sucesión de una propuesta de dos candidatos, en el Consejo de Familia se alcanzó la unanimidad para eliminar de la carrera de sucesión al propio hijo de uno de los miembros de dicho consejo, dándole el puesto a otro miembro de la familia, pero no de sangre (era una persona que estaba casada con una prima). Esa decisión hizo daño en la relación padre-hijo, pero fortaleció la cohesión familiar y, con el tiempo, se vio que había sido la decisión más acertada para todos.

proporcionar una estructura clara para facilitar la toma de decisiones y la gestión de asuntos familiares.

1. **Propósito y objetivos**

   - Declarar claramente el propósito del Consejo de Familia, que es la promoción de la cohesión y armonía familiar, la representación de los intereses familiares, la aprobación[175] y seguimiento de la formación y de la sucesión. Mientras, hay que mantener la separación e independencia entre la familia y la empresa.

2. **Composición del Consejo de Familia**[176]

   - Definir cuántos miembros tendrá el Consejo de Familia, cómo se hará el reparto de esos puestos, si se hará con representación o no de diferentes generaciones y ramas familiares., cuál el tiempo del nombramiento, si los cargos serán remunerados o no, quién podrá optar a ocupar estos puestos: los fundadores, sucesores, cónyuges e hijos no involucrados...

3. **Periodicidad de las reuniones**

   - Establecer la frecuencia y periodicidad de las reuniones del Consejo de Familia. Ya hemos comentado que, en caso de ser un consejo amplio, las reuniones podrían ser trimestrales, dejando la reunión mensual para una comisión ejecutiva familiar.

4. **Convocatoria y preparación de reuniones**

   - Al igual que sucedía en la Junta, debemos tener claro quién, cómo y cuándo puede convocar al Consejo. También hay definir cómo se convocarán las reuniones, cuándo se darán

---

[175] En este caso, hago referencia a aprobación, ya que cuento con la existencia de dos comisiones específicas: para la formación y otra para la sucesión y nombramientos, que son las que realizarán la planificación, ejecución y control de cada una de esas tareas.

[176] Establecer unas normas claras de trato igualitario que permitan, con los requisitos necesarios, optar a todos los miembros de la familia a poder ser miembros del Consejo Familiar.

por constituidas y quién será responsable de preparar la agenda. Definir los temas a tratar los formatos a presentar y quiénes podrán estar, así como un punto de vital importancia: establecer el plazo para la distribución de documentos relevantes antes de cada reunión, así como los tiempos de intervención y el objetivo de cada punto.

5. **Procedimientos de toma de decisiones**
   - Especificar cómo se tomarán las decisiones en el Consejo de Familia. Esto podría incluir votación mayoritaria (mitad más uno, tres quintas partes…), consenso o cualquier otro método preferido por la familia. Abordar cómo se manejarán los desacuerdos.[177]

6. **Participación y respeto**[178]
   - Fomentar la participación y respetuosa de todos los miembros. Establecer normas para la comunicación durante las reuniones, garantizando que se escuchen todas las voces y se respeten las opiniones divergentes.

7. **Confidencialidad**
   - Enfatizar la importancia de la confidencialidad en relación con los asuntos discutidos en el Consejo de Familia. Especificar qué información puede o no puede ser compartida fuera del Consejo, siguiendo lo ya establecido en el protocolo.

8. **Roles y responsabilidades**[179]

---

[177] Tema fundamental, como ya comentamos en la normativa de la Junta de Familia. Debemos siempre dotarnos de salidas de emergencia que eviten conflictos futuros o situaciones de bloqueo que puedan dañar a la familia y/o a la empresa.

[178] Aquí, el papel de la Comisión de Formación para la segunda andanada de miembros es básico, ya que deberá dotarlos de las capacidades necesarias de comunicación e interacción, para facilitarlo y superar cualquier vestigio de cuestiones negativas pasadas.

[179] Mientras más claro y detallado sea este punto, menos incidencias se tendrán en el futuro, por lo que recomiendo desarrollarlo con calma y profundidad.

- Definir los roles y responsabilidades de los miembros del Consejo de Familia, incluyendo si hay cargos —como presidente u secretario, entre otros—. Especificar las funciones de cada rol. En este caso, la función de secretario puede encargarse a una figura externa a la familia, que aporte también un apoyo para la resolución de conflictos

9. **Evaluación y revisión de la normativa**
- Establecer procedimientos para la revisión periódica de la normativa del Consejo de Familia. Esto podría incluir revisiones anuales para garantizar que la normativa siga siendo relevante y eficaz.

10. **Proceso de inclusión y exclusión**[180]
- Especificar cómo se integran nuevos miembros al Consejo de Familia y bajo qué circunstancias alguien puede ser excluido. Establecer criterios claros para la inclusión y la exclusión.

11. **Facilitadores externos**[181]
- Definir la posibilidad de contar con facilitadores externos, como consultores familiares, en las reuniones del Consejo de Familia. Establecer pautas para su participación.

12. **Reglas para la resolución de conflictos**[182]
- Establecer procedimientos para la resolución de conflictos dentro del Consejo de Familia, definiendo cómo se abordarán los desacuerdos y disputas.

13. **Documentación y archivo**[183]

---

[180] El mismo comentario hecho en la nota 130 es aplicable aquí, todavía con más importancia, al ser el órgano principal y gesto de la familia.

[181] Es aplicable la nota 131.

[182] Definir sistema de segunda vuelta de cambio de mayoría son herramientas que dotarán a la familia de espacio para evitar el conflicto, así como en algunos casos usar aplazamientos o involucrar en el debate a figuras externas de reconocido prestigio.

[183] Debido a la importancia y relevancia de las decisiones que se toman, es algo fundamental tanto para poder consultarlas como para poder gestionarlas y comunicarlas a la familia. Es una función que. si bien puede encargarse el

- Especificar cómo se documentarán las reuniones y las decisiones del Consejo de Familia y cómo se archivarán los registros para futuras referencias.

Como vemos, el funcionamiento e importancia del Consejo de Familia no solo es relevante para la familia, sino también para la empresa. Aunque existen muchos casos en los que este órgano se solapa con el Consejo de Administración, como ya he comentado anteriormente, me reafirmo en las virtudes y beneficios[184] de tener un Consejo de Familia.

Recordemos que todo esto que hemos comentado del Consejo de Familia lo hemos hecho contando con la existencia de comisiones específicas y que, en el caso de que no existieran, sería este órgano y sus representantes quienes deberían asumir sus funciones, con la carga extra que eso representa para sus miembros.

En este caso, la práctica más común es un reparto de las funciones o responsabilidades entre sus miembros en cuanto a la carga ejecutiva de trabajo se refiere (creación del plan de formación, entrevista proveedores externos, diseño de transición...) para que, una vez estén realizados dichos trabajos, comentarlos en el órgano al completo para que, de forma colegiada, decida sobre los temas referidos.

---

secretario externo, recomiendo la custodia de la documentación y originales por parte de la familia.

[184] Me permito enumerar las ventajas de un Consejo de Familia, según el gran profesor Josep Tàpies.
- Ayuda a delimitar el ámbito familiar del ámbito de la empresa.
- Ayuda a cuidar los temas familiares.
- Formaliza el ámbito familiar.
- Fomenta que los familiares asuman sus responsabilidades.
- Mejora la comunicación interna de la familia empresaria.
- Dota de objetividad las evaluaciones de los hijos y otros familiares.
- Facilita el diseño de los planes de formación y de carrera.
- Facilita el mecenazgo y la formación de las nuevas generaciones.

Como decía, contaremos que aquí tenemos dichas comisiones y pasaremos ahora a analizarlas, como hemos hecho con la Junta de Familia y el Consejo Familiar.

4.3. Comisiones

Las comisiones en una empresa familiar desempeñan un papel vital, al proporcionar un marco estructurado para la toma de decisiones y la gestión eficiente de diversos aspectos, tanto empresariales como familiares. Estos grupos especializados se crean con el propósito de abordar necesidades específicas y garantizar la alineación de los intereses familiares con los objetivos empresariales. Su establecimiento demuestra un enfoque proactivo por parte de la familia, para gestionar la complejidad inherente a la dinámica empresarial y familiar.

Estas comisiones suelen surgir como respuesta a la evolución de la empresa y la familia a lo largo del tiempo, reconociendo la importancia de asignar responsabilidades específicas para abordar desafíos particulares.

Su función no solo reside en la ejecución de tareas específicas, sino también en fomentar la colaboración, el diálogo y la toma de decisiones informada. Fortaleciendo la cohesión familiar y reforzando el legado de la familia guiado por los valores de esta.

En el contexto de la empresa familiar, estas comisiones desempeñan un papel integral en la preservación de la armonía familiar y la continuidad del negocio a lo largo de generaciones. Facilitan la participación de los miembros familiares en la toma de decisiones, al tiempo que establecen estructuras transparentes que promueven la rendición de cuentas y la eficacia operativa.

Cada comisión, con su enfoque específico, contribuye al éxito sostenible de la empresa familiar. La Comisión de Sucesión y Nombramientos, por ejemplo, trabaja para intentar asegurar que no haya problemas en la transición entre generaciones.

La creación y el funcionamiento efectivo de estas comisiones reflejan la madurez y la visión estratégica de la empresa familiar para superar desafíos y aprovechar oportunidades en su trayectoria empresarial.

4.3.1. Comisión de Formación

La Comisión de Formación en una empresa familiar desempeña un papel estratégico, al abordar la capacitación y desarrollo continuo de los miembros familiares, asegurando así la preparación efectiva para asumir roles significativos dentro de la familia y, llegado el caso, en la empresa.

Esta comisión, al concentrarse en la formación y el fortalecimiento de habilidades, contribuye directamente a la robustez y sostenibilidad de la empresa familiar a lo largo del tiempo, transmitiendo el legado y valores de la familia.

Esta comisión no solo se ocupa de aspectos técnicos y operativos, sino que también se centra en el desarrollo de habilidades de liderazgo, la comprensión del entorno empresarial y la promoción de una cultura organizativa compartida. Ejerce de transmisora del legado y de los valores fundamentales. Es decir, va más allá de una formación técnica o de *soft skills* para los miembros de la familia, ya que imbuye y transmite el espíritu de la familia, ayudando a su preservación y a fortalecer la cohesión familiar, siendo quizá este el eje fundamental sobre el que desarrolla el resto de sus funciones.

Diseña programas educativos adaptados a las necesidades específicas de la familia y, llegado el caso, de la empresa para preparar a los miembros de la familia que vayan a ocupar cargos o posiciones en ella, considerando las metas estratégicas y los valores fundamentales que la familia busca preservar.

Entre sus responsabilidades claves se encuentra la identificación de áreas críticas para la formación, ya sea en términos de tecnología, gestión, negociación o cualquier otra competencia esencial, tanto para la formación de propietarios responsables como de miembros de la familia aptos para gestionar y liderar el éxito empresarial.

La Comisión de Formación también desempeña un papel importante en el fomento de una cultura de aprendizaje continuo. Promueve la adquisición de habilidades relevantes y el conocimiento actualizado, alentando a los miembros familiares a participar en programas educativos externos y a compartir las lecciones aprendidas entre ellos.

Llegado el caso, la colaboración con instituciones educativas, la contratación de expertos externos y la implementación de herramientas de evaluación son estrategias que la Comisión podría adoptar para fortalecer sus programas de formación. Además, evalúa continuamente la efectividad de los programas existentes y ajusta su enfoque según las necesidades de la familia y los requisitos cambiantes de la empresa.

En última instancia, la Comisión de Formación no solo tiene como objetivo equipar a los miembros familiares con las habilidades y conocimientos técnicos necesarios, sino que también busca cultivar líderes que encarnen los valores fundamentales de la familia y contribuyan positivamente al éxito a largo plazo de la empresa familiar.

Al igual que el Consejo de Familia, se le debe dotar de una normativa que dé formalidad a su trabajo, así como que sirva para definir quiénes son sus miembros y periodos de reunión, etc. Ya vimos en el protocolo un esbozo, pero de nuevo aconsejo realizar el ejercicio exhaustivo para cada una de las comisiones. Y me permito solo dar una pincelada en lo referente a los miembros que lo formen; igual que hasta ahora siempre he defendido que todos los miembros debían ser de la familia, en este caso la incorporación de alguien externo con experiencia siempre ha sido de gran ayuda para el funcionamiento de la Comisión y el desarrollo formativo de toda la familia.

4.3.2 Comisión de Sucesión y Nombramientos

La Comisión de Sucesión y Nombramientos juega un papel crítico en la preservación y el desarrollo de la empresa familiar, a través de la gestión cuidadosa de la sucesión generacional. Como hemos comentado, es uno de los momentos más complicados tanto dentro de la familia como en la parte empresarial. Su enfoque va más allá de simplemente identificar herederos; se trata de planificar y facilitar una transición de liderazgo suave y efectiva, que garantice la continuidad y el éxito a largo plazo de la empresa.

Aquí surge una pregunta: ¿los herederos son los mejores candidatos?, ¿podemos unir organigrama empresarial con el árbol genealógico? Lo ideal sería que encaje. Creo que todos conocemos la respuesta.

De esta forma, entramos en una de sus funciones principales, que no es otras que la identificación y evaluación de sucesores. La Comisión se embarca en la tarea de identificar y evaluar a los posibles sucesores dentro de la familia. Este proceso implica no solo evaluar habilidades y competencias, sino también comprender la afinidad con los valores y la visión de la empresa familiar. La Comisión puede emplear herramientas de evaluación, entrevistas y programas de mentoría para garantizar una evaluación integral.

Para evitar discusiones, tensiones o rencillas, se debe trabajar con claridad para todos, siendo la mejor manera el establecimiento de procesos de selección amplios, transparentes y que sean comunicados a toda la familia. Para garantizar la objetividad y la transparencia en la elección de sucesores, la Comisión, como dijimos, establece procesos de selección claros y bien definidos. Estos procesos pueden incluir la participación de asesores externos (cosa que recomiendo, tanto para la pulcritud del proceso como para el caso de realizar determinadas comunicaciones), la evaluación basada en el desempeño y la consideración de múltiples perspectivas para garantizar que los líderes seleccionados estén verdaderamente preparados para asumir roles claves. Ya sea en la familia o en la empresa.

Una vez identificados y evaluados, la Comisión supervisa el nombramiento de nuevos líderes[185] dentro de la empresa. Esto implica la revisión y la aprobación de los planes de sucesión, asegurando que los sucesores estén debidamente preparados y que la transición se realice de manera ordenada y efectiva. Eso conduce a una coordinación e interacción entre esta comisión y la de Formación. [186]

Además de la sucesión, la Comisión establece directrices para la integración exitosa de nuevos miembros. Esto puede incluir programas de orientación, mentoría y planes de desarrollo personalizados para garantizar que los sucesores se integren de manera armoniosa en la cultura y la estructura organizativa existente. Acompañar tanto en el proceso previo como en la incorporación posterior garantiza una transición suave[187].

Como pasaba con la Comisión de Formación, esta comisión pone un énfasis significativo en la alineación de valores y visión con la empresa familiar. Busca candidatos que no solo posean las habilidades técnicas necesarias, sino que también compartan los

---

[185] En algunas familias he visto usar términos como «candidatos», ya que aunque estaban preseleccionados, no estaba asegurada su elección final. Si me tengo que quedar con alguna nomenclatura, sería con la de «enanitos», que en palabras textuales significa: «Lo que han ganado ahora es irse a trabajar a una mina día y noche».

[186] Es básico definir en la normativa de ambas comisiones cómo se realiza esta interacción y cómo se tomarán las decisiones que afectan de forma conjunta a ambas comisiones.

[187] Este acompañamiento o tutela normalmente es por un periodo de aproximadamente 100 días tras la toma efectiva del nuevo cargo o responsabilidad.

valores arraigados en la historia y la cultura empresarial, asegurando así la continuidad de la identidad familiar y protegiendo el legado y reforzando la cohesión.

La Comisión, como no podría ser de otra forma, realiza evaluaciones continuas del proceso de sucesión y ajusta sus enfoques según sea necesario. La adaptabilidad es clave, ya que el entorno empresarial y familiar está en constante evolución, por lo que ha de ser dinámica y poder reaccionar con rapidez a los cambios que pueden producirse.

Al adoptar un enfoque proactivo, esta entidad puede anticipar y mitigar posibles desafíos, asegurando una sucesión suave y efectiva. Su involucramiento activo también fomenta la alineación de los valores familiares con los objetivos empresariales, permitiendo una transición que no solo conserve la continuidad, sino que también impulse el crecimiento y la adaptación en un entorno empresarial en constante evolución.

En resumen, la Comisión de Sucesión y Nombramientos va más allá de la designación de líderes: trabaja para garantizar que la sucesión sea un proceso estratégico, alineado con los valores familiares y capaz de garantizar la prosperidad y cohesión de la familia, así como de la empresa a lo largo de las generaciones.

4.3.3. Comisión de Fundadores

La Comisión de Fundadores está integrada, de inicio, por los visionarios miembros originales que dieron origen a la empresa familiar. Se posiciona como un pilar fundamental para la estabilidad y continuidad a lo largo de las generaciones.

Su función como asesora es esencial, ya que aporta perspectivas históricas y una experiencia inigualable. Ambas arrojan luz sobre los principios fundamentales que dieron forma a la empresa, por lo que es normal que esté dentro de los procesos de aprobación de la formación y de la preselección de candidatos para la sucesión, así como de la aprobación de nombramientos. Sus informes no deberán ser vinculantes[188] para las comisiones ni para el Consejo de Familia o Junta Familiar.

El conocimiento acumulado por los fundadores a lo largo del tiempo se convierte en una valiosa brújula para la toma de decisiones. Al participar en la elaboración de políticas, la comisión desempeña un papel activo en la definición de la dirección estratégica de la familia y de la empresa, integrando la visión original con las demandas cambiantes del entorno empresarial.

Un aspecto fundamental de su labor es la preservación del legado y valores familiares, tanto a nivel familiar como en su interacción con la empresa. La comisión se convierte en guardiana de los principios y tradiciones que han guiado a la empresa desde sus primeros días. Colabora con otras comisiones y la familia en general para asegurar que las raíces culturales y los valores fundamentales se mantengan sólidos, sirviendo como un ancla en medio de la evolución constante del entorno empresarial.[189]

La Comisión de Fundadores, al ser el puente entre el pasado y el presente, contribuye a la cohesión de la familia y la empresa. Su asesoramiento estratégico no solo honra la visión original, sino que también prepara el terreno para la próxima generación, facilitando una transición generacional fluida y garantizando que la esencia distintiva de la empresa familiar se conserve en el tejido mismo de su desarrollo a lo largo del tiempo.

La Comisión de Fundadores, más allá de su valioso papel en la transmisión de perspectivas históricas, emerge como una

---

[188] En algunos casos, he visto que estos informes se convierten en llave de paso para la toma de decisiones vitales, tanto de la familia como de la empresa, lo que termina llevando a un conflicto generacional, entre los que *abandonaron* su posición activa y los que la están desarrollando en este momento.

[189] En el punto 5.2.3 veremos la dualidad constante que existe entre la continuidad y la adaptabilidad dentro de las familias empresarias y el impacto en sus valores.

entidad esencial en la resolución de problemas e incidencias entre los miembros de la familia en el ámbito familiar y aquellos que puedan darse entre miembros de la familia en el ámbito empresarial. Su experiencia acumulada y comprensión profunda de los valores familiares y empresariales la coloca en una posición única para abordar desafíos interpersonales y promover la armonía en el entorno familiar y laboral.

Esta comisión se convierte en un foro de mediación y diálogo constructivo cuando surgen tensiones o conflictos entre los miembros familiares. Su enfoque respetuoso y su compromiso con la preservación de la cohesión familiar permiten que la comisión actúe como facilitadora en la resolución de disputas. Utiliza su visión histórica para contextualizar situaciones, recordar el propósito compartido y ofrecer soluciones que no solo aborden el problema inmediato, sino que también fortalezcan los lazos familiares.

La Comisión de Fundadores juega un papel activo en la promoción de la comunicación abierta y efectiva dentro de la familia empresarial. Establece canales de diálogo y fomenta la transparencia en la expresión de preocupaciones, contribuyendo así a una cultura en la que los desacuerdos se aborden de manera constructiva.

Su implicación en la resolución de problemas no solo se limita a conflictos interpersonales, sino que también puede extenderse a desafíos operativos y estratégicos. La comisión, al comprender la evolución de la empresa a lo largo del tiempo, puede ofrecer perspectivas valiosas sobre cómo abordar obstáculos específicos y adaptarse a cambios en el mercado y la industria.

Además, la Comisión de Fundadores puede participar activamente en el diseño e implementación de políticas y procedimientos para la gestión de conflictos familiares y empresariales. Esto puede incluir la creación de mecanismos formales de resolución de disputas, protocolos de comunicación o incluso de programas de mediación familiar.

En resumen, la Comisión de Fundadores se convierte en una fuerza unificadora, no solo conectando el pasado con el presente, sino también abriendo caminos hacia el futuro al abordar y resolver desafíos de manera efectiva, promoviendo así la estabilidad y la sostenibilidad de la empresa familiar.

EXTRA

Dinámicas en empresas familiares: valores y egos

Tras explicar las normas y órganos de las familias empresarias con base en vuestros comentarios, me pareció interesante mostrar una visión de las dinámicas en las empresas familiares. Por el hermetismo de estas, son sumamente complicadas de conocer si no nos encontramos dentro y, además, para añadir una capa de complejidad, son en muchos casos diametralmente opuestas a las que se generan dentro de las empresas no familiares.

Estas dinámicas influyen de forma determinante en el desarrollo, crecimiento y evolución de las empresas familiares. Por desgracia, carecen de una exposición clara que permita entender la complejidad, heterogeneidad y diversidad que tienen cuando tenemos que enfrentarnos a ellas.

¿Por qué fijarnos en estas dinámicas? La respuesta es sencilla: las empresas familiares, con sus complejidades y dinámicas particulares, desempeñan un papel fundamental en el tejido económico y social. A modo de ejemplo, en España se estima que 1,1 millones de empresas son familiares, lo que representa un 89% del total de empresas en España. Y son el mayor generador de empleo privado, con un total de más de 6,58 millones de puestos de trabajo, representando el 67% del empleo privado. Si hablamos a nivel europeo, existen aproximadamente 14 millones de empresas familiares, que generan más de 60 millones de empleos en el sector privado En EE. UU., las empresas familiares ocupan en torno al 80% del entrado empresarial, generando al rededor del 50% del empleo privado.[190]

---

[190] Datos del Instituto de la empresa familiar España: https://www.iefamiliar. com/la-empresa-familiar/cifras/

5. Importancia del estudio de las dinámicas familiares en las empresas familiares

Personas, grupos, familia

El estudio de las dinámicas familiares en el contexto de las empresas familiares se revela como un pilar fundamental para comprender, gestionar y potenciar el éxito sostenible de estas organizaciones. La interconexión entre los aspectos familiares y empresariales añade una capa de complejidad única, haciendo que el análisis de las dinámicas familiares sea esencial por varias razones cruciales

- Relaciones interpersonales
- Diversidad de intereses y posibles conflictos
- Necesidad de estructurar la toma de decisiones en un entorno heterogéneo
- El paso de la vida y lo que conlleva en cuanto
  - ▷ Sucesión
  - ▷ Mantener la historia de la familia y la empresa
  - ▷ Mantener la cohesión de los distintos miembros
  - ▷ Encontrar y potenciar a nuevos líderes

Todos estos aspectos, siendo propios de la familia, tienen un impacto directo y una resonancia en la empresa y su desarrollo. Por eso, la importancia de estudiar las diferentes dinámicas que surgen o pueden surgir, el origen, sus impactos y la forma de gestionarlas.

Si no lo es ya, lo será al final de este libro: veremos lo intrínsecamente vinculadas que están las empresas a las relaciones familiares. Desde ese punto de partida, queda claro que el estudio de las dinámicas familiares arroja luz sobre las complejas interacciones entre los miembros familiares en el ámbito empresarial. Entender estas relaciones es esencial para prever posibles conflictos, fomentar la colaboración y garantizar un ambiente laboral armonioso.

Como en todo grupo humano, aun pudiendo existir un objetivo superior común, siempre hay intereses particulares, ya no solo de cada individuo, sino de cada grupo dentro de la familia. Así las cosas, si unimos eso a la coexistencia de roles familiares y empresariales, queda claro que esa relación o situación a menudo conlleva conflictos de intereses. Estudiar las dinámicas familiares permite identificar áreas de posible conflicto y desarrollar estrategias para gestionarlos de manera efectiva. La resolución proactiva de desafíos intrafamiliares es crucial para evitar impactos negativos en la salud de la empresa.

¿Quién no se ha enfrentado a decidir qué película ver cuándo se va al cine en familia? Pues imaginaos ahora que en ese mismo sistema y con los mismos roles hubiera que decidir la compra o no de una compañía y/o el lanzamiento de una nueva gama de productos que nada tiene que ver con lo que se venía haciendo, elegir al representante de la familia en un acto o ante una organización o quizá al próximo presidente de la empresa. Las dinámicas familiares influyen directamente en los procesos de toma de decisiones dentro de la empresa familiar[191]. Comprender cómo se comunican,

---

[191] Hemos insistido en que se debe mantener la independencia entre la familia y la empresa, pero también ha quedado claro la interacción e influencia

negocian y resuelven conflictos los miembros familiares contribuye a establecer mecanismos más efectivos en la toma de decisiones. Esto es esencial para evitar situaciones en las que las decisiones empresariales se vean afectadas por tensiones familiares no resueltas[192].

Pensad ahora el momento en que fallece un padre o una madre, que era quien organizaba la casa, los encuentros familiares o ejercía de punto de anclaje de la familia: ¿quién asume ese papel? ¿quién toma la responsabilidad? Añado a esas preguntas la de quién pasa a ser el presidente de la compañía o el CEO y veréis claramente que el estudio de las dinámicas familiares es especialmente relevante en el contexto de la sucesión, tanto en la familia como en la empresa familiar.

Entender las relaciones entre generaciones, los deseos individuales y las expectativas familiares facilita una planificación de la sucesión más informada y exitosa. Esto puede asegurar una transición suave y la continuidad del legado empresarial. Puede que alguien me diga que en su caso estaba claro quién haría qué, y que el resto de los miembros de la familia lo entendía. Eso es producto de haber identificado lideres y haber preparado ese cambio[193], pero imagina que el presidente muere sin hijos y hay dos primas que quieren el cargo, igual de formadas ambas, pero sin ninguna preparación del cambio... Y no hay manera de saber si son válidas o no para ejercer ese liderazgo... El conocimiento profundo de las dinámicas familiares contribuye al desarrollo efectivo de líderes emergentes dentro de la familia. Identificar habilidades, fortalezas y áreas de mejora

---

mutua que existe.

[192] De nuevo, permitidme resaltar la importancia de la comunicación, la gestión de los desacuerdos y la necesaria existencia de las salidas de emergencia.

[193] Es decir, realizar el trabajo sin ser consciente de ello y de forma informal. Aunque puede funcionar, recomendaría encarecidamente que se formalice y profesionalice el proceso.

en un contexto familiar permite una preparación más enfocada y personalizada para asumir roles de liderazgo en la empresa.

Y las costumbres/hábitos de la familia, sus valores y el legado... ¿quién los mantiene? Cuando hay un cambio de generación, hay veces en las que tras una defunción o cuando algunos miembros envejecen, sus costumbres, sus formas de hacer o de interactuar se pierden y eso lleva a un distanciamiento de la familia y a la pérdida de los lazos y fuerza entre sus miembros, afectando de forma significativa a la cohesión familiar.

Si extrapolamos eso a lo que le sucedería a la empresa familiar, nos queda claro que las dinámicas familiares desempeñan un papel crucial en la formación y preservación de la cultura empresarial. Estudiar cómo se transmiten los valores familiares a través de las generaciones permite mantener una cultura organizacional sólida y coherente, incluso en momentos de cambio generacional[194].

Todo esto nos lleva a que si la familia, como hemos visto, está unida (eso no quiere decir que mande el pensamiento único ni todos se manejen a marcha de pato de ganso, ni mucho menos) y funciona como familia cohesionada, esa dinámica será un activo valioso para el bienestar de la empresa. Estudiar las dinámicas familiares permite implementar estrategias que fortalezcan los lazos familiares, fomentando la colaboración y el apoyo mutuo, incluso en situaciones empresariales desafiantes. Mientras, se mantiene la independencia de la empresa y se permite a esta beneficiarse de esa fortaleza familiar.

En conclusión, el estudio de las dinámicas familiares en empresas familiares es esencial para construir bases sólidas que permitan la coexistencia armoniosa de aspectos familiares y empresariales. La comprensión profunda de estas dinámicas facilita la toma de decisiones informada, la gestión de conflictos y la planificación es-

---

[194] Ya hemos mencionado la importancia de distintos órganos (Consejo de Familia, Comisión de Formación...) y normas (protocolo) en esta tarea.

tratégica, contribuyendo así al éxito y la continuidad de la empresa a través de las generaciones.[195]

Tras esta introducción, estoy seguro de que ya podréis vislumbrar todo lo que quiero compartir con vosotros y cómo nos enfrentamos a un campo heterogéneo y líquido... pero también apasionante y divertido.

Tras haberos dotado de cierto conocimiento técnico de que es la empresa familiar y sus particularidades en el desarrollo del libro hasta aquí los objetivos de esta parte serán explicar las diferentes dinámicas que surgen en la familia, cómo impactan en la empresa, cómo gestionarlas y cómo usarlas, llegado el caso. Poniendo foco en el manejo de los egos, la sucesión, los órganos particulares de las empresas familiares y, cómo no, en las decisiones estratégicas que cualquier compañía debe tomar.

5.1. Valores, adaptabilidad y continuidad en empresas familiares

5.1.1 ¿Qué son los valores? [196]

Ya hemos visto el impacto que tienen en las normas de la familia y sus órganos en cómo gestionan el día a día de la familia y, por ende, cómo impactan en la empresa, pero ¿qué son los valores?

Sé que puede parecer una pregunta un poco absurda, pero debemos sentar una base común, ya que estoy seguro de que si,

---

[195] Me permito citar al gran profesor Alfonso Chiner: «Si no se trabajan las dinámicas, a ver cómo encajáis un organigrama empresarial con un organigrama familiar; solo puede pasar una cosa: ¡booooom!». GRACIAS POR TODO, PROFESOR.

[196] Estoy seguro de que os habréis percatado de que cierta importancia debe tener cuando todo el punto segundo de nuestro protocolo está dedicado a ellos y, como hemos, visto impactan en todo el funcionamiento y normativa de la familia.

antes de seguir leyendo, buscas a dos tres personas que tengas a mano y se lo preguntas, cada una de ellas te dará una respuesta, que si bien puede que tengan zonas comunes, estoy seguro de que serán dispares en la mayor parte.

Así, a efectos de este libro (no seré yo quien imponga una definición), los valores son principios, creencias o cualidades que una persona o una sociedad considera importantes y que guían sus acciones y decisiones. Son fundamentales para la construcción de la identidad y la toma de decisiones éticas. Los valores pueden variar entre individuos, culturas y sociedades, pero generalmente reflejan lo que se considera valioso y significativo en un contexto determinado.

Algunos ejemplos comunes de valores incluyen la honestidad, la integridad, la lealtad, la responsabilidad, el respeto, la equidad, la justicia, la solidaridad y la tolerancia, entre otros conceptos. Estos valores actúan como brújulas morales que orientan el comportamiento de las personas y contribuyen a la formación de la cultura de una sociedad o una organización.

Es importante destacar que los valores pueden ser individuales o compartidos colectivamente. En el contexto empresarial, el cual trataremos de forma continuada mezclado con la familia, en ellos se basa la riqueza de las empresas familiares. Los valores familiares son los principios fundamentales que orientan la conducta y la toma de decisiones en una empresa. La comprensión y la promoción de los valores es esencial para establecer una cultura organizacional sólida y coherente. Como hemos comentado, los valores son parte indispensable en el sueño, que es la semilla de toda empresa familiar.

5.1.2 Valores en las empresas familiares: adaptabilidad y continuidad

En el intrincado tejido empresarial europeo, las empresas familiares se erigen como entidades imbuidas de valores fundamentales de forma natural al partir de la familia, capaces de adaptarse a los cambios dinámicos del entorno con una visión a largo plazo que aporta el legado y los valores de la familia, y trazando su curso hacia una continuidad duradera. Por eso, debemos estudiar la interconexión trascendental entre los valores arraigados de la familia, su influencia en la empresa familiar, la habilidad para ajustarse a los entornos empresariales en constante transformación y la planificación estratégica para garantizar una continuidad efectiva a lo largo del tiempo, tanto de la familia como de la empresa familiar.

Las empresas familiares, como ya hemos comentado, encuentran su fuerza en los principios y creencias que las han guiado desde su concepción, sus valores su legado. Tomemos el ejemplo de la empresa Ferrero, fundada en Italia en 1946. La trayectoria de Ferrero no solo destaca por su éxito en la industria alimentaria, sino también por la **preservación de los valores familiares a lo largo de las generaciones, actuando como catalizador para la toma de decisiones éticas y sostenibles.**

Simultáneamente, la capacidad de adaptabilidad se manifiesta como una virtud esencial en un entorno dinámico, tanto en la propia familia como en las empresas. Así, la empresa sueca Ikea, fundada por la familia Kamprad, ilustra cómo la adaptabilidad y la innovación pueden ser instrumentos cruciales para mantener la relevancia en mercados cambiantes y globales.

De esta forma, vemos cómo los valores propios de la familia fortalecen y refuerzan a la empresa familiar, a la vez que deben tener la flexibilidad suficiente para adaptarse al momento en el que nos encontremos, sin perder la esencia propia.

Continuamos así nuestro viaje, que nos revelará que los valores arraigados, la adaptabilidad dinámica y la planificación estratégica caracterizan el éxito y la perdurabilidad de las empresas familiares ratificando la idea ya expuesta de que, aun siendo entes independientes, una familia fuerte es sinónimo de una empresa familiar fuerte.

5.1.2.1 Contextualización de los valores familiares y la empresa

Partimos de lo expuesto en el libro *Family Business Values* (1995), de Aronoff y Ward, donde se aborda la importancia de los valores familiares en el contexto de las empresas familiares, y cómo estos valores influyen en la toma de decisiones.

Podríamos destacar las ideas principales y su impacto, respaldados por ejemplos reales:

Ideas principales de los valores familiares y la empresa, zonas de interacción

1. **Integración de valores familiares y empresariales**

- Idea*:* los autores sugieren que los valores familiares deben integrarse en la cultura empresarial para lograr una toma de decisiones coherente y alineada con los objetivos de la familia y la empresa. Es algo que en las fases iniciales de las empresas familiares suele ser automático, ya que los fundadores, que son los que aportan esos valores, se encuentran en el desarrollo de la compañía. A lo largo del tiempo, eso puede modificarse y cambiar si no se cuida el relato familiar y se gestiona la transmisión de esos valores a los nuevos miembros de la familia y a los gestores de la compañía, quienes aun no siendo familiares, deben actuar conforme a los valores.

- Impacto*:* esto afecta directamente la toma de decisiones, ya que se espera que las decisiones reflejen los valores fundamentales de la familia. Siendo este un punto de unión clave entre la familia y la empresa, es posible que este impacto o nexo no se vea de forma clara en las pequeñas decisiones del día a día, pero debe estar marcado en las decisiones estratégicas y de seguimiento para que los valores impregnen todo el proyecto y puedan ser visibles y vivibles por todas las personas de la organización.

2. **Definición y comunicación de valores**[197]

- Estos autores enfatizan la importancia de definir claramente los valores familiares y comunicarlos eficazmente a todos los miembros de la familia y la empresa. Es algo que ya hemos comentado, pero que toma especial relevancia cuando existe un crecimiento empresarial tanto en personas como en espacios y, más aún, cuando hay cambios generacionales dentro de la familia. Es este un trabajo complicado y de máxima relevancia para la subsistencia de la empresa familiar. Existen diversos mecanismos, que ya hemos comentado, propios de estas organizaciones para poder hacer frente a este reto, como pueden ser el Consejo de Familia, el protocolo familiar, el relato o los planes de formación de las próximas generaciones.

- Impacto: una comprensión clara de los valores facilita la toma de decisiones, al proporcionar un marco ético y cultural para evaluar opciones. Facilita ante la disyuntiva o dudas entre varias opciones para tomar el camino que respete y vaya más acorde con los valores propios de la familia.

3. **Impacto en la toma de decisiones**

- Como no puede ser de otra forma, los valores familiares influyen, siempre que sean valores vividos y bien transmitidos, en la toma de decisiones en áreas claves, como la sucesión, la estrategia empresarial y la gestión de conflictos. Esto facilita mucho estas decisiones vitales en la vida de la compañía. De otra forma, si los valores no están arraigados e integrados en la definición de esos puntos primordiales, podrían primar

---

[197] Ya se ha comentado la importancia de integrar los valores en el relato familiar/empresarial para fortalecer el sentimiento de pertenencia y lo vital que es la comunicación y transmisión de estos.

más los egos o intereses individuales de los miembros de la familia que el defender el relato familiar y su continuación en el tiempo[198].

- Impacto: las decisiones alineadas con los valores familiares son más propensas a ser aceptadas y respaldadas por los miembros de la familia[199], creando coherencia y estabilidad. Aunque provoquen males individuales, estas siempre se entenderán dentro de un bien superior y común del que formamos parte y, por lo tanto, debemos respetarlas e impulsarlas.

4. **Planificación de sucesión[200] basada en valores**

- Como ya se había mencionado, la sucesión es un proceso crítico donde los valores familiares desempeñan un papel central. La planificación de la sucesión debe estar en consonancia con los valores fundamentales de la familia. Si estos no existieran o fueran débiles es un momento en el que los intereses particulares de cada rama o incluso de cada individuo pudieran alterar el proceso, y/o en el peor de los casos, hacer que se tomara una decisión que a la larga fuera perjudicial para la compañía y, por ende, para la familia.

- Impacto: por ello, una sucesión planificada en función de valores puede mitigar conflictos y asegurar la continuidad de la empresa de manera armoniosa, fortaleciendo más el vínculo entre los distintos miembros de la familia e inspirando a familiares y trabajadores, tanto dentro como fuera de la compañía.

---

[198] Vemos aquí la transmisión de los valores y la vivencia de estos se convierten, como hemos visto, en un pilar de la cohesión familiar. No es solo tener el mismo apellido, es vivir y sentir de forma conjunta dentro de un legado que nos abarca.

[199] Siempre que exista cohesión familiar.

[200] Ya hemos hablado en varios puntos sobre la sucesión, pero la trataremos de nuevo dentro de la dinámica de poder y la toma de decisiones, debido a la relevancia de esta.

De esta forma, vemos el impacto tan relevante que tienen los valores, su transmisión y cuidado no solo son esenciales para la familia en sí, sino para el correcto funcionamiento de la empresa familiar y cómo estos, además, pueden impactar en los trabajadores de la empresa que no son miembros de la familia de una forma positiva o negativa.

Por centrar los principales puntos en los que los valores son críticos tanto para la familia como para la empresa, citaría los siguientes.

Impacto en la familia

1. **Cohesión familiar**
   - Impacto: la integración de valores familiares promueve la cohesión familiar al proporcionar un marco compartido para la toma de decisiones. Esto fortalece las relaciones familiares y reduce posibles tensiones, ayudando en momentos críticos. Nombraré uno a modo de ejemplo: la sucesión

2. **Resolución de conflictos**
   - Impacto: los valores familiares sirven como guía para la resolución de conflictos, permitiendo que las decisiones se tomen en un contexto ético y cultural que favorece la armonía familiar. El diálogo y la comunicación se entiendan desde el prisma individual de cada familia.

Impacto en la empresa

1. **Cultura organizacional**
   - Impacto: la integración de valores familiares en la cultura organizacional influye en la toma de decisiones cotidianas y en la forma en que se abordan los desafíos, contribuyendo a una cultura empresarial sólida y sostenible. Impactando en el desarrollo de la misión y visión de la empresa a través de sus propios valores.

2. **Alineación estratégica**

- Impacto: los valores familiares guían las decisiones estratégicas, asegurando que la empresa siga una dirección que sea coherente con los principios fundamentales de la familia y evitando desviaciones que puedan socavar la identidad empresarial. Dotan a las empresas familiares de una visión a largo plazo que les permite afrontar desafíos y decisiones con una aproximación alejada del corto plazo general.

Veamos situaciones reales en las que los valores familiares han tenido un efecto directo en la empresa

Ejemplos reales

1. **IKEA**
- Ejemplo: IKEA, una empresa familiar, se destaca por su enfoque en valores, como la simplicidad y la sostenibilidad. Estos valores han influido en decisiones estratégicas, como la oferta de productos asequibles y sostenibles. Si bien la empresa ha crecido de forma exponencial y tiene presencia por varios y diversos países, en cualquiera de sus establecimientos o en la forma en que afronta los retos que se encuentra en cualquier territorio o por parte de cualquier empleado se puede apreciar la presencia de estos valores y cómo son los rectores de las decisiones y /o acciones tomadas, dotándola de cohesión y unidad en sus operaciones.

2. **Merck**
- Ejemplo: la farmacéutica Merck, una empresa familiar, ha basado su toma de decisiones en valores éticos. En situaciones claves, como el acceso a medicamentos, la empresa ha tomado decisiones alineadas con sus valores de responsabilidad social, incluso si eso a un corto plazo podía tener un impacto negativo en sus cuentas. Este tipo de actuaciones ha permitido reforzar su imagen y compromiso, así como ha fortalecido el proyecto a largo plazo de la compañía.

En conclusión, la integración de valores familiares en la empresa no solo afecta la cultura organizacional, sino que también juega un papel crucial en la toma de decisiones, proporcionando un marco ético y cultural que influye en todas las áreas clave de la empresa familiar.[201] Siempre, respetando la diferenciación y separación entre la propia familia y la empresa.

5.1.2.2 Valores familiares y empresariales, su transmisión

Cuando nos adentramos en la dimensión de los valores en las empresas familiares, nos enfrentamos a una línea sutil y permeable que conecta los valores intrínsecos de la familia con los valores propios de la empresa. En los primeros, cualquier individuo, ya sea empresario o no, puede identificarse y experimentar cercanía, debido a sus propias vivencias. Mientras tanto, los segundos se originan en el capital, en el mercado y en el contexto económico-político global, donde las empresas desarrollan sus actividades. Sin embargo, las empresas familiares además se ven impregnadas por los propios de la familia.[202]

No obstante, independientemente de su origen, lo vital en ambos casos es la transmisión efectiva de estos valores a lo largo de las generaciones. Ya sea un valor arraigado en la esencia familiar o empresarial, la capacidad de preservarlo y transferirlo a las

---

[201] Por lo que podemos estar de acuerdo con las premisas principales expresadas por Aronoff y Ward.

[202] Ya hemos comentado de forma reiterada que, si bien existe una interacción directa y constante entre la familia y la empresa familiar, no se debe perder la independencia e individualidad de cada uno. Se debe evitar la impresión directa de los valores familiares en la empresa, permitiendo de forma ordenada su interacción con la empresa en la búsqueda y forja de los propios valores de la empresa familiar.

generaciones futuras se convierte en una obligación fundamental para quienes gestionan la familia y la empresa familiar.[203]

La permeabilidad entre estos dos conjuntos de valores resalta la complejidad inherente a la gestión de empresas familiares, en las que las experiencias y principios arraigados en la familia se entrelazan con las dinámicas cambiantes del entorno empresarial. La habilidad para equilibrar y preservar estos valores a medida que son transmitidos de una generación a otra se convierte en un elemento clave para el éxito sostenido de la empresa familiar.[204]

En última instancia, este proceso de transmisión no solo implica la preservación de los valores en sí, sino también la capacidad de contextualizar y adaptar estos valores a las cambiantes realidades empresariales y familiares. En este sentido, la responsabilidad de los gestores de la empresa familiar no solo radica en la preservación de una herencia valiosa, sino también en la capacidad de dotar a esos valores de relevancia y significado en el contexto empresarial moderno y en las vidas de las generaciones futuras.

Valores fundamentales y su transmisión en empresas familiares europeas: lecciones de éxito y fracaso

Con todo esto en mente, podemos entender que en el corazón de las empresas familiares europeas yace un conjunto de valores fundamentales que actúan como pilares para la toma de decisiones, la cultura organizacional y la dirección estratégica, tanto en la familia como en la empresa familiar. Como vemos, estos valores forman el ADN que sirve de patrón para el crecimiento y desarrollo de las empresas familiares.

---

[203] En el ámbito familiar, ya hemos resaltado en las funciones y responsabilidades del Consejo de Familia y la Comisiones de Formación y la de Sucesión.

[204] Tema que tratamos en el protocolo como norma y en el Consejo de Familia como órgano principal para mantener la separación entre la familia y la empresa familiar.

La transmisión efectiva de estos valores de generación en generación puede ser la clave para el éxito continuado, aunque no siempre es un camino exento de desafíos. Para entenderlo mejor y poder ver la realidad, analizaremos seis valores empresariales distintos, con tres casos de éxito en su transmisión y tres situaciones en las que la transmisión ha enfrentado desafíos significativos.

Éxitos en la transmisión de valores empresariales

1. **Innovación sostenible**

- La innovación sostenible en el contexto empresarial se refiere a la implementación de procesos, productos y estrategias que buscan generar valor económico al tiempo que minimizan el impacto ambiental y social a lo largo del tiempo. Implica la creación y adopción de soluciones innovadoras que no solo impulsan la competitividad y rentabilidad de la empresa, sino que también tienen en cuenta consideraciones éticas y medioambientales, contribuyendo así al desarrollo sostenible.[205]

- **Ejemplo exitoso:** la empresa danesa Lego ha logrado transmitir el valor de la innovación sostenible. A lo largo de las generaciones, Lego ha mantenido un compromiso con la innovación en sus productos, al mismo tiempo que ha liderado iniciativas para reducir su impacto ambiental.

2. **Ética empresarial**

La ética empresarial se refiere a la aplicación de principios morales y valores éticos en las prácticas y decisiones comerciales. Involucra la adopción de estándares de conducta que van más allá del simple cumplimiento de la ley y abordan cuestiones éticas más amplias, como la integridad, la respon-

---

[205] Astrachan, J. H., & Shanker, M. C. (2003). *Family Businesses. Contribution to the US Economy: A Closer Look. Family Business Review,* 16(3), 211–219. doi: 10.1111/1741-6248.00028. Este artículo no aborda directamente la «innovación sostenible», pero proporciona una base sólida para comprender la contribución de las empresas familiares a la economía.

sabilidad social y el respeto hacia todas las partes interesadas, incluidos empleados, clientes, proveedores y la sociedad en general.[206]

Ejemplo exitoso: la empresa suiza Roche, centrada en la industria farmacéutica, ha transmitido con éxito valores éticos empresariales. Su enfoque en la investigación y desarrollo ético ha sido una constante, estableciendo estándares en la industria.

3. **Responsabilidad social**

- La responsabilidad social empresarial (RSE) es un enfoque empresarial que implica la integración voluntaria de prácticas y acciones éticas, sociales y ambientales en las operaciones diarias de una empresa. Se trata de asumir el compromiso de contribuir positivamente al bienestar de la sociedad en general, y no solo de satisfacer los intereses de los accionistas. La RSE abarca áreas como la sostenibilidad ambiental, la equidad social, el apoyo a comunidades locales y la gestión ética de los recursos.[207]

- **Ejemplo exitoso:** la empresa alemana Bosch ha incorporado con éxito la responsabilidad social en su cultura empresarial. Su compromiso con la sostenibilidad y la responsabilidad corporativa ha sido transmitido de generación en generación.

Por otro lado, existen momentos en que la transmisión de los valores ha enfrentado desafíos, como:

1. **Adaptabilidad al cambio**

- La adaptabilidad al cambio en el contexto empresarial se refiere a la capacidad de una organización para ajustar sus

---

[206] Ferrell, O. C., Fraedrich, J., & Ferrell, L. (2018). *Business Ethics: Ethical Decision Making & Cases* (12th ed.). Boston: Cengage Learning.

[207] Carroll, A. B., & Buchholtz, A. K. (2014). *Business & Society: Ethics, Sustainability & Stakeholder Management* (9th ed.). Boston: Cengage Learning.

estrategias, procesos y estructuras como respuesta a las dinámicas cambiantes del entorno. Implica la disposición y capacidad de la empresa para anticipar, aceptar y abrazar transformaciones en su industria, mercado o condiciones operativas, buscando así mantenerse relevante, competitiva y sostenible a lo largo del tiempo[208]

Desafío en la transmisión: la firma francesa Peugeot ha enfrentado desafíos en la transmisión del valor de la adaptabilidad al cambio. Durante ciertos periodos, la resistencia a las transformaciones del mercado afectó la capacidad de adaptación de la empresa.

2. **Ética y cumplimiento normativo**

- La ética y el cumplimiento normativo en el contexto empresarial se refieren a la adhesión a principios éticos y a la observancia de las leyes y regulaciones aplicables en todas las operaciones y decisiones de una empresa. Este valor implica la integridad en la conducta empresarial, asegurándose de que las acciones de la organización estén alineadas con estándares éticos y legales para fomentar la confianza, la transparencia y la responsabilidad.[209]

- **Desafío en la transmisión:** la empresa británica GSK (GlaxoSmithKline) ha enfrentado desafíos en la transmisión de valores éticos y de cumplimiento normativo. Escándalos relacionados con prácticas comerciales poco éticas han impactado negativamente en la percepción de la empresa.

Estos ejemplos reales ilustran la importancia crítica de la transmisión e interiorización de valores fundamentales en empresas

---

[208] Battilana, J., & Casciaro, T. (2013). *Change Agents, Networks, and Institutions: A Contingency Theory of Organizational Change.* Academy of Management Journal, 56(2), 381–398

[209] Ferrell, O. C., Fraedrich, J., & Ferrell, L. (2018). *Business Ethics: Ethical Decision Making & Cases* (12th ed.). Boston: Cengage Learning.

familiares europeas. Mientras algunos han logrado con éxito inculcar y mantener estos valores a lo largo del tiempo, lo que les ha otorgado una ventaja en su desarrollo, otros han enfrentado desafíos que destacan la necesidad de una gestión proactiva en la transmisión de valores dentro de este contexto empresarial único.

5.1.3 Continuidad y adaptabilidad, dualidad de los valores familiares en las empresas

En el corazón de las empresas familiares[210] yace una dualidad fascinante: la necesidad de continuidad, arraigada en los valores familiares tradicionales, y la imprescindible adaptabilidad, esencial para enfrentar los desafíos cambiantes del entorno empresarial. Esta dualidad, que se refleja en la tensión entre la preservación de la herencia y la búsqueda de la innovación, es esencial para el éxito a largo plazo de estas empresas.

Esta fascinante intersección entre preservar la herencia y abrazar la innovación constituye el núcleo de la identidad y el éxito a largo plazo de estas organizaciones y de las familias que las fundaron.

Continuidad: la Fuerza de los valores familiares

Hemos de recordar que los valores son los motores o puntos de anclaje de los proyectos que terminan convertidos en empresas; es esa fortaleza y potencia lo que les hace tan reacios a los cambios y, por lo tanto, a preservarse como si fuera el primer día.

Pero en un mundo tan cambiante como el actual, en el que la rapidez de la innovación y cambios de tendencias es apremiante, intentar ser inmóviles en el mejor de los casos solo podría llevar al fracaso de las familias y sus organizaciones.

Es por ello por lo que la mayor parte de los casos de éxito han extraído la esencia primigenia de los valores que así se lo permi-

---

[210] Como en toda familia, existe la lucha entre lo nuevo y lo viejo. Hay que considerar la convivencia que se forma en esa lucha.

tía y la han mantenido en el tiempo, adaptando el envase de esa esencia a las necesidades específicas de cada momento. Por otro lado, han mantenido inalterados los valores inmutables, que se convierten en el vínculo entre generaciones y camino por el que discurre la empresa familiar y otros

De esta forma, **la preservación de los valores** ha dotado de continuidad a las empresas familiares y se manifiesta en la preservación de valores arraigados en la historia familiar. La transmisión de principios éticos, compromisos y filosofías empresariales constituye el vínculo vital que conecta generaciones y permite a personas separadas por años, que no llegaron en muchos casos a conocerse, a estar vinculados por ellos, continuando en el presente el sueño que se empezó tiempo atrás, siempre guiado por la misma energía[211].

De esta forma, se refuerza y se mantiene la **identidad familiar**, que se refleja en la persistente presencia de la familia en la gestión. La participación de los miembros familiares no solo solidifica la identidad, sino que también transmite un legado de responsabilidad y dedicación.[212]

---

[211] Esto sería una forma de visualizar la cohesión familiar. Me permito compartir, con permiso, una anécdota que me contó una persona de tercera generación en una ocasión: «¿Sabes? Alejandro?, la forma de ver que todos los que estamos aquí somos uno es tan sencilla como que si coges "al viejo" (la forma cariñosa con la que referían al bisabuelo), a ese joven imberbe (se refería a un joven de 15 años de la quinta generación) y a mí mismo, y nos pides hacer algo; aunque lo podamos realizar de una forma particular, todos haremos lo mismo, porque es como lo vivimos y sentimos».

[212] En lo referente a la participación de la familia de forma activa, se puede entender desde tres ámbitos: directo (día a día del negocio, en un puesto ejecutivo), control (puesto en el Consejo de Administración y/o comisiones), propiedad activa (desde la Junta en la elección del CEO y los miembros del Consejo o en el caso de no existir un consejo compuesto por los principales ejecutivos de la compañía).

Por último, esta continuidad refuerza y permite la transmisión del **legado empresarial**, que fue cuidadosamente construido a lo largo de los años y que representa la continuidad en la práctica. La transición suave de liderazgo de una generación a otra es un testimonio tangible de la resistencia y la perpetuidad de la empresa familiar.[213]

Adaptabilidad: la clave de la supervivencia empresarial

Como todos sabemos, hoy en día todo fluye cambia y muta. Intentar permanecer estático nos llevaría al desastre (tomemos el ejemplo de Nokia, Kodak o Blockbuster, por decir algunos), así que las empresas familiares han de lidiar con esta dualidad de mantener el legado y dotar de continuidad a sus valores pero, a la vez, deben ser capaces de adaptarse a una realidad que de forma inexorable es diferente a cada día que pasa, no hablemos ya de años o décadas.

Esto nos lleva a que las familias de las empresas familiares deben tener una mente con **apertura a los cambios** para crear la adaptabilidad que se pueda manifestar, llegado el caso, en cambios fundamentales. Las empresas familiares que reconocen la importancia de evolucionar con el tiempo están mejor posicionadas para superar desafíos y capitalizar oportunidades emergentes. Usemos el caso de Samsung: sus inicios y la comparación con su realidad actual.

Esto puede llevarnos a tener que estar listos a la **diversificación de productos/servicios**, llevando la adaptabilidad a una posible diversificación estratégica. La capacidad de expandir y modificar productos o servicios refleja la disposición de la empresa a ajustarse según las demandas del mercado.

---

[213] De nuevo, vemos la importancia de la sucesión y el impacto múltiple y heterogéneo que tiene tanto en la familia como en la empresa (aquí tratamos de sucesión entre generaciones, pero se podría ser más específico y tratar la sucesión del principal ejecutivo, ya fuera de la familia o no, por ejemplo).

Seguramente, esta capacidad impactará en los modelos establecidos, por lo que se necesitará **flexibilidad en estructuras**. Empresas familiares capaces de ajustar sus modelos de negocio y estructuras organizativas tienden a responder de manera más efectiva a cambios económicos y sociales. Y estos cambios pueden que no sólo deban darse en las estructuras empresariales, sino también en aquellas que rigen o gestionan la familia (a modo de ejemplo, el Consejo de Familia o la Familiar).

El equilibrio sutil entre continuidad y adaptabilidad

El arte de **integrar historia y futuro** radica en reconocer que la dualidad entre continuidad y adaptabilidad no es estática. Requiere una gestión constante y una conciencia aguda de las cambiantes dinámicas, tanto del entorno empresarial como familiar. No es una elección entre conservar lo antiguo o abrazar lo nuevo, sino una danza equilibrada en la que ambos elementos se entrelazan para construir un camino hacia el éxito sostenible.

Mantener este equilibrio es sumamente complicado y existen momentos en los cuales puede resultarlo más aún; ya hemos tratado alguno de ellos, pero ahora debemos focalizar nuestros esfuerzos a comprender e interiorizar que los valores fundaciones de la familia no pueden ser olvidados, pero tampoco pueden convertirse en el peso que nos hunda en el fondo del mar. Trabajamos en una encrucijada única, en la que la tradición y la innovación colisionan, formando un delicado equilibrio entre la continuidad arraigada en valores familiares y la adaptabilidad esencial para enfrentar un entorno empresarial en constante evolución.

Para finalizar este punto, podemos ver que esto es mucho más visible en determinadas situaciones:

Gestión de la sucesión[214]**:** el proceso de sucesión es crítico para gestionar la dualidad. La planificación cuidadosa, la men-

---

[214] Ya hemos tratado este tema en detalle remarcando su importancia y complejidad , en caso de dudas repasar el punto del protocolo y todo lo refe-

toría y la preparación de líderes emergentes garantizan una transición sin problemas, incorporando nuevas perspectivas sin comprometer la continuidad.

Cultura de innovación[215]: es esencial fomentar una cultura que promueva la innovación sin perder de vista los valores familiares fundamentales. La capacidad de innovar permite a la empresa familiar destacarse en entornos empresariales dinámicos.

Consejo Asesor Externo[216]: la introducción de asesores externos brinda una perspectiva imparcial. Estos expertos pueden ofrecer orientación estratégica sin perder de vista la esencia única de la empresa familiar.

---

rente a la comisión de sucesión y nombramientos

[215] Ya hemos comentado la importancia del consejo de familia y la comisión de formación en lo relativo a este punto.

[216] Me permito recordar, como ya hemos comentado en algún punto, que traer apoyo de un externo en determinados momentos es una opción válida, pero se debe de conseguir la interiorización dentro de los miembros de la familia y sus órganos.

REFLEXIÓN

Navegando la dualidad para el éxito sostenible

El éxito a largo plazo de las empresas familiares encuentra su fundamento en la habilidad para navegar con destreza en la dualidad inherente. La continuidad de la herencia familiar y la búsqueda constante de la innovación no son fuerzas antagónicas, sino que más bien se complementan mutuamente. Al adoptar y abrazar ambas dimensiones, las empresas familiares tienen la capacidad de trazar un camino hacia el éxito sostenible.

La herencia familiar aporta una identidad distintiva y arraigada en los valores fundamentales que han sido transmitidos a lo largo de las generaciones. Este legado proporciona una base sólida y una conexión emocional con la historia y las raíces de la empresa. Por otro lado, la innovación representa la capacidad de adaptarse y evolucionar en respuesta a los cambios constantes del entorno empresarial.

La clave radica en la habilidad de equilibrar estas dos fuerzas aparentemente opuestas. La empresa familiar exitosa no ve la tradición y la innovación como polos opuestos, sino como elementos que se complementan mutuamente. Conservar la esencia y los valores arraigados en la tradición familiar no impide la capacidad de adoptar nuevas ideas y enfoques innovadores.

Al lograr esta armonía, las empresas familiares pueden mantener su identidad única y, al mismo tiempo, demostrar agilidad para enfrentar los desafíos emergentes. La innovación se convierte en un vehículo para mantenerse relevante en un entorno empresarial dinámico, mientras que la herencia actúa como un ancla que proporciona estabilidad y cohesión a lo largo del tiempo.

En última instancia, el éxito a largo plazo de las empresas familiares radica en la habilidad de navegar esta dualidad. La continuación de la herencia y la búsqueda de la innovación no son opuestas, sino complementarias. Al abrazar ambas dimensiones, las empresas familiares pueden forjar un camino hacia el éxito sostenible, conservando su identidad distintiva mientras se adaptan con agilidad a los desafíos del mundo empresarial en constante cambio.

5.2. Dinámicas de poder y toma de decisiones

Las dinámicas de poder y la toma de decisiones en empresas familiares son un proceso complejo que involucra tanto al ámbito familiar como al empresarial. Tienen un impacto dual, donde situaciones idénticas pueden tener soluciones opuestas.

Para entender la riqueza, variedad y heterogeneidad de estas dinámicas y toma de decisiones, partiremos de un análisis de los tipos más comunes de dinámicas de poder y toma de decisiones que existen en las empresas familiares, para posteriormente profundizar en ellas y ver cómo aplican en ejemplos reales.

Dinámicas de poder

Comencemos intentando definir qué son las dinámicas de poder en las empresas familiares. Podríamos afirmar que son fenómenos complejos que involucran relaciones interpersonales y jerarquías dentro de la familia y la empresa.

Partamos de tres definiciones proporcionadas por distintos autores para poder acotar su definición

1. **Definición según Tagiuri y Davis (1996)**
   - «Las dinámicas de poder en empresas familiares se refieren a la distribución y el ejercicio de la influencia y la autoridad entre los miembros de la familia, tanto en el ámbito empresarial como en el familiar».[217]

---

[217] Referencia: Tagiuri, R., & Davis, J. (1996). *Bivalent Attributes of the Family Firm*. Family Business Review, 9(2), 199–208. doi: 10.1111/j.1741-6248.1996.00199.x.

2. **Definición según Lansberg (1988)**

- «Las dinámicas de poder en empresas familiares no solo se relacionan con la distribución de roles y responsabilidades, sino también con la capacidad de influir en la dirección estratégica de la empresa y la gestión de la sucesión».[218]

3. **Definición según Chrisman y Sharma (2003)**

- «Las dinámicas de poder en empresas familiares pueden variar según la presencia de líderes formales e informales, influyendo en la toma de decisiones y la implementación de estrategias, y estas dinámicas pueden tener un impacto significativo en el rendimiento de la empresa».[219]

Como podemos ver, las dinámicas de poder en empresas familiares constituyen un fenómeno complejo que se manifiesta en la distribución de influencia y autoridad entre los miembros de la familia, tanto en el ámbito empresarial como en el familiar[220].

A través de las definiciones proporcionadas por diferentes autores, se puede observar una convergencia en conceptos claves que subrayan la complejidad y la importancia de estas dinámicas.

Según **Tagiuri y Davis** (1996), las dinámicas de poder no solo abarcan la distribución de roles y responsabilidades, sino que también se centran en el ejercicio de la influencia y la autoridad en ambos contextos: el familiar y el empresarial. Esta perspectiva destaca la interconexión entre las esferas familiares y empresaria-

---

[218] Referencia: Lansberg, I. S. (1988). *The Succession Conspiracy*. Family Business Review, 1(2), 119–143. doi: 10.1111/j.1741-6248.1988.00119.x.

[219] Referencia: Chrisman. J. J., Chua, J. H., & Sharma, P. (2003). *Current trends and future directions in family business management studies: Toward a theory of the family firm*. Coleman White Paper Series, 1–31.

[220] No podemos olvidar que, mientras en el ámbito empresarial la cadena de autoridad y responsabilidad es clara, en las relaciones familiares e interpersonales no siempre es así.

les, reconociendo que las dinámicas de poder pueden trascender las fronteras organizativas[221].

Lansberg (1988) amplía esta comprensión al incorporar la gestión de la sucesión como un componente esencial de las dinámicas de poder en empresas familiares. La capacidad de influir en la dirección estratégica y en la toma de decisiones estratégicas, especialmente en el contexto de la sucesión, emerge como un elemento crucial que impacta la continuidad y la prosperidad de la empresa familiar.[222]

A su vez, **Chrisman y Sharma (2003)** añaden un enfoque adicional al resaltar la variabilidad de las dinámicas de poder, destacando la presencia de líderes formales e informales y su influencia en la toma de decisiones y la implementación de estrategias[223]. Este énfasis en la diversidad de las dinámicas subraya la necesidad de considerar múltiples facetas de poder, tanto estructuradas como emergentes, para comprender plenamente las complejidades de las empresas familiares.

Conceptos clave que se repiten a lo largo de estas definiciones incluyen la **influencia**, la **autoridad**, la **toma de decisiones estratégicas** y la **gestión de la sucesión**. Estos elementos convergentes señalan la importancia de comprender las dinámicas de poder no solo como estructuras estáticas, sino como procesos dinámicos que evolucionan con el tiempo y que están intrínsecamente ligados al éxito y la continuidad de las empresas familiares.

Palabras claves: INFLUENCIA, AUTORIDAD, DISTRIBUCION DE ROLES FORMALES/INFORMALES.

---

[221] Hemos resaltado en diversos puntos la importancia de que la relación/interacción entre la familia y la empresa debe estar regulada y ordenada. Por el bien de ambas.

[222] Este tema ya lo hemos resaltado y tratado: de nuevo vemos que se trata de un momento crucial que se debe trabajar y preparar.

[223] Recordemos a la tía Paca, por ejemplo.

Como vemos en estas definiciones de dinámicas de poder, los factores familiares y empresariales se entrelazan, pareciendo que no puedan desligarse. Sin embargo, cuando eso sucede, normalmente el resultado es catastrófico. Hemos insistido en que debe mantenerse su independencia y separación para el mejor funcionamiento de ambos.

En estas dinámicas veremos, según Tagiuri y Davis (1996), que se articulan principalmente en torno a tres poderes: el personal, el familiar y el organizacional, que se ven influidas por factores familiares y empresariales entrelazados. Se pueden definir estas tres dimensiones del poder de la siguiente manera:

1. **Poder personal:** la influencia ejercida por individuos específicos dentro de la familia. Puede ser un patriarca o una matriarca que tenga un control significativo sobre las decisiones.

2. **Poder familiar:** la influencia colectiva de la familia en la toma de decisiones. Puede surgir de la unidad familiar en la consecución de objetivos comunes o, por el contrario, de conflictos familiares que afectan la toma de decisiones.

3. **Poder organizacional:** la influencia ejercida por los miembros de la familia que ocupan roles formales en la empresa. Esto incluye aquellos que participan en la gestión y dirección de la empresa.

Profundizando en cada uno de ellos, veremos las particularidades y cómo se van entrelazando de nuevo, no existiendo líneas de separación claras entre ellos.

Comenzamos por el poder personal, que resalta la importancia de ciertos miembros familiares quienes, debido a su posición, experiencia o carisma, tienen una capacidad significativa para moldear decisiones y direcciones estratégicas, tanto en el ámbito familiar como en el empresarial.

Este poder y la dinámica de su ejercicio tiene claros impactos tanto en la propia familia como en la empresa. Esas interacciones pueden producirse por canales formales o informales, por nombrar algunos de los más importantes y donde deberíamos, llegado el caso, poner nuestro foco, podemos nombrar

Impacto en la familia

1. **Jerarquía familiar**
   - En el seno de una empresa familiar, el fundador o un miembro de la familia con una trayectoria exitosa puede detentar un poder personal significativo. Esta figura puede influir en la toma de decisiones familiares, estableciendo jerarquías y dinámicas familiares que afectan las relaciones entre los miembros.

2. **Sucesión en la familia**
   - Durante el proceso de sucesión, un líder carismático y respetado puede ejercer una fuerte influencia en la elección del sucesor. Su poder personal puede determinar la dirección de la sucesión y la aceptación de la nueva generación por parte de la familia.

Impacto en la empresa

1. **Orientación estratégica**
   - Un líder carismático puede imponer su visión y orientación estratégica en la empresa. Su influencia personal puede ser determinante en la adopción de nuevas estrategias o enfoques, afectando directamente la dirección del negocio.

2. **Cultura organizacional**
   - La personalidad y valores de un líder influyente pueden dar forma a la cultura organizacional. Este impacto personal puede crear un ambiente de trabajo específico, afectando la motivación y el compromiso de los empleados.

3. **Innovación y cambio**
- Un líder con un fuerte poder personal puede facilitar o dificultar la implementación de innovaciones y cambios. Su influencia puede ser determinante para la adopción de nuevas tecnologías o la resistencia a la transformación.

En resumen, el poder personal dentro de las empresas familiares no solo define el nivel de influencia de un individuo, sino que también moldea la cultura organizacional, determina la orientación estratégica y desempeña un papel fundamental en la dinámica familiar y la gestión del cambio[224].

Por otro lado, el concepto de **poder familiar** se posiciona como una dimensión clave en las empresas familiares. Este tipo de poder, como ya hemos comentado, se refiere a la capacidad colectiva de la familia para influir en las decisiones y direcciones estratégicas tanto en el ámbito empresarial como en el familiar.

Exploraremos ahora los aspectos claves y el impacto del poder familiar:

Aspectos claves del poder familiar

1. **Consensos y desafíos**

El poder familiar implica la capacidad de llegar a consensos, pero también puede dar lugar a desafíos cuando hay divergencias de opiniones entre los miembros de la familia sobre la dirección de la empresa.

2. **Tradición y continuidad**

La tradición familiar y la continuidad a menudo están vinculadas al poder familiar Las decisiones relacionadas con la sucesión y la continuidad del negocio son moldeadas por la influencia colectiva de la familia.

---

[224] Y muchas veces, sin que exista un respaldo legal real que avale esa actuación.

3. Valores y cultura

El poder familiar contribuye a la definición de los valores y la cultura organizacional de la empresa. Estos valores familiares pueden afectar las políticas internas, las relaciones laborales y la identidad de la empresa.

4. Influencia en la toma de decisiones

- Un componente central del poder familiar es la capacidad de influir en la toma de decisiones claves, como la elección de líderes, la aprobación de estrategias empresariales y las políticas financieras.

Impacto en la familia

1. Unidad familiar

- El poder familiar puede contribuir a la unidad familiar, al promover una visión compartida y la gestión conjunta de los asuntos familiares, como la educación de los hijos y la gestión de patrimonios.

2. Conflictos y rivalidades

- Sin embargo, cuando hay desacuerdos sobre la dirección de la empresa, el poder familiar también puede dar lugar a conflictos y rivalidades entre los miembros familiares, afectando las relaciones personales.

Impacto en la empresa

1. Gestión de la sucesión[225]

- El poder familiar es especialmente relevante en la gestión de la sucesión. Las decisiones sobre quién liderará la empresa en la próxima generación a menudo están influenciadas por las dinámicas de poder dentro de la familia.

---

[225] Lo he querido enfocar en la sucesión empresarial, con la intención de no duplicarlo ni hacerme pesado, pero es un punto totalmente válido dentro del ámbito familiar (por ejemplo, quien lidere el Consejo Familiar).

2. **Estrategia empresarial**
 • Las decisiones estratégicas, como la expansión del negocio, la diversificación o la entrada en nuevos mercados, están moldeadas por la influencia de la familia, reflejando sus valores y metas colectivas.

Como siempre, parémonos y veamos algunos ejemplos de lo anteriormente expuesto en la vida real, de forma que nos sea más sencillo la asimilación práctica de los conceptos.

Ejemplos reales
1. **Grupo Ferrero**
 • En el Grupo Ferrero, conocido por marcas como Ferrero Rocher, la familia Ferrero ha mantenido un fuerte poder familiar a lo largo de las generaciones. Esto se refleja en la continuidad de su enfoque en la calidad, la innovación y la gestión centrada en la familia.
2. **Ford Motor Company**
 • En la Ford Motor Company, a lo largo de los años, la influencia de la familia Ford ha desempeñado un papel crucial en las decisiones estratégicas. La empresa ha experimentado con éxito la sucesión dentro de la familia, manteniendo la cultura y los valores familiares en el núcleo de su identidad empresarial.

En conclusión, el poder familiar, según Tagiuri y Davis, es un elemento integral en empresas familiares, influyendo en la toma de decisiones, la cultura organizacional y la gestión de la sucesión. Su impacto es evidente tanto en el ámbito familiar como en la empresa, dando forma a la identidad y la dirección de la entidad familiar.

Por último, el **poder organizacional** en empresas familiares queda definido como la influencia ejercida por los miembros de la familia que ocupan roles formales en la empresa. Hace de vínculo entre las familias y las estructuras organizativas y jerarquías dentro de la entidad. Con esta idea, podemos ver los aspectos claves y su impacto, tanto en la familia como en la empresa:

Aspectos claves del poder organizacional
1. **Roles formales**
   - El poder organizacional se centra en aquellos miembros de la familia que ocupan roles formales dentro de la empresa, como CEOS, presidentes y directores. Su posición confiere influencia y autoridad.
2. **Toma de decisiones empresariales**
   - Quienes ostentan poder organizacional tienen un impacto significativo en la toma de decisiones empresariales. Participan en la formulación de estrategias, la planificación financiera y otras decisiones claves para el éxito del negocio.
3. **Implementación de políticas**
   - El poder organizacional se refiere a la capacidad de implementar políticas y procedimientos dentro de la estructura operativa de la empresa. Los líderes familiares formales influyen en la cultura corporativa y la dirección del personal.

Impacto en la familia
1. **Reputación familiar**
   - Los miembros de la familia con poder organizacional a menudo son considerados representantes de la familia en el ámbito empresarial. Sus acciones y decisiones impactan la reputación general de la familia.

2. **Jerarquía familiar**
• El poder organizacional puede afectar la jerarquía familiar, ya que aquellos en roles de liderazgo pueden ser percibidos como figuras de autoridad, tanto en la empresa como en la familia.

Impacto en la empresa
1. **Continuidad empresarial**
• El poder organizacional está intrínsecamente ligado a la continuidad empresarial. Las decisiones y estrategias implementadas por los líderes familiares formales pueden influir en la sostenibilidad y el crecimiento a largo plazo de la empresa.
2. **Adaptación a cambios**
• La capacidad de liderazgo de aquellos con poder organizacional es vital para la adaptación de la empresa a cambios en el entorno empresarial, como la tecnología, la competencia y las tendencias del mercado.

De nuevo, parémonos y veamos en la realidad cómo se han afrontado estas dinámicas en el poder organizacional para entenderlo de una forma más clara.

Ejemplos reales
1. **Samsung**
• En Samsung, una empresa familiar de Corea del Sur, el poder organizacional ha estado en manos de la familia Lee. Los miembros de la familia que ocupan cargos ejecutivos han desempeñado un papel crucial en la toma de decisiones estratégicas y en la expansión global de la empresa.
2. **Walmart**
• En Walmart, una empresa familiar estadounidense, la familia Walton ha ejercido un fuerte poder organizacional. Los miembros de la familia han ocupado roles claves en la

dirección de la empresa, influyendo en las políticas comerciales y en la cultura corporativa.

En resumen, el poder organizacional, según Tagiuri y Davis, se concentra en los roles formales dentro de la empresa y tiene un impacto significativo en la toma de decisiones, la continuidad empresarial y la adaptación a cambios. Su influencia se extiende a la familia, en la que los líderes formales representan la imagen y la reputación de la familia en el ámbito empresarial

Toma de decisiones

De nuevo podemos recurrir al libro *Family Business Values* (1995), de Aronoff y Ward, donde vemos cómo la toma de decisiones en empresas familiares presenta desafíos únicos. Esto se debe a que la toma de decisiones efectiva requiere la creación y el seguimiento de valores familiares compartidos. Como hemos visto, la identificación cuidado y traspaso de estos valores es una operación sumamente compleja con diversas aristas y enfoques.

Centrando la implicación de los valores en la toma de decisiones, podríamos analizar diferentes métodos o sistemas que nos permitirían avanzar el cierre de nuestras decisiones dentro de la empresa familiar, tomando en cuenta su ecosistema propio y los diferentes momentos de madurez, tanto de la empresa como de la familia.

Estos métodos[226] pueden incluir:

1. *Consensus Building* **(construcción de consenso)**
   - **Descripción:** este método implica la participación de los miembros de la familia para lograr un acuerdo común en la toma de decisiones. Busca la inclusión de diversas perspectivas, la resolución de conflictos de manera colaborativa, la

---

[226] Comprobaremos que la mayoría de ellos los hemos ido esbozando en el desarrollo de las normas y de los órganos, con base en las experiencias y ejemplos prácticos que he podido trabajar.

búsqueda de consenso a través del diálogo y la comprensión mutua. Esto se evidencia en empresas familiares en las que los miembros trabajan juntos para llegar a acuerdos que reflejen los valores familiares comunes.

- **Aplicación:** es útil cuando se busca la cohesión familiar y se afrontan decisiones que afectan a todos los miembros.

2. *Voting Mechanisms* **(mecanismos de votación)**
- **Descripción:** implica el uso de votos formales para tomar decisiones. Cada miembro tiene la oportunidad de expresar su preferencia y la decisión se basa en la mayoría. Este método puede generar conflictos si no se aborda adecuadamente.
- **Aplicación:** es efectivo cuando se requiere una toma de decisiones objetiva y se busca evitar la indecisión o discusiones de si se puede o no hacer algo.

3. *External Facilitation* **(facilitación externa)**
- **Descripción:** involucra la contratación de facilitadores externos, como consultores o mediadores, para guiar el proceso de toma de decisiones. Estos profesionales aportan neutralidad y experiencia. Esto puede proporcionar una perspectiva objetiva y ayudar a gestionar las dinámicas familiares.
- **Aplicación:** es útil cuando se enfrentan tensiones emocionales o conflictos internos que requieren una perspectiva externa imparcial.

4. **Planificación estratégica y normativa profesionalizada**[227]
- **Descripción:** implica la participación de profesionales externos en la planificación estratégica normativa de la empresa familiar. Estos expertos pueden aportar mejores prácticas

---

[227] Como vemos, la intervención de profesionales externos en la prevención y preparación y desarrollo de normativas (como el protocolo) y sistemas de gestión del conflicto o discrepancias, como los vistos en el Consejo de Familia, ayudará a eliminar posibles conflictos presentes o futuros. Esto ya se ha comentado a lo largo del libro.

y enfoques más profesionales, con mayor conocimiento y método en aquellos puntos de la planificación estratégica y normativa que más necesite la empresa familiar.

- **Aplicación:** resulta valioso cuando se busca mejorar la gestión estratégica y la eficiencia operativa y normativa.

5. **Estrategias para una toma de decisiones efectiva**[228]

- **Descripción:** engloba diversas estrategias y prácticas para mejorar la eficacia en la toma de decisiones, incluyendo procesos bien definidos y la participación de líderes claves.
- **Aplicación:** se utiliza para abordar desafíos generales en la toma de decisiones y mejorar el rendimiento empresarial.

6. **Aprendizaje continuo y adaptabilidad**[229]

- **Descripción:** fomenta una mentalidad de aprendizaje constante y la capacidad de adaptarse a cambios en el entorno empresarial. Incluye la incorporación de nuevas ideas y enfoques.

7. **Herramientas para la gestión de egos**[230]

- **Descripción:** se enfoca en manejar las dinámicas de egos dentro de la familia. Incluye prácticas para gestionar conflictos de intereses y asegurar que las decisiones no estén influenciadas negativamente por egos personales.
- **Aplicación:** resulta relevante cuando los egos familiares pueden afectar la toma de decisiones.
- **Aplicación:** es necesario cuando se enfrentan desafíos relacionados con la innovación y la adaptación a nuevas tendencias.

---

[228] Se desarrollará de forma más detallada más adelante, en este punto hemos de entender que existen y que en determinados momentos pueden ser de ayuda para el desarrollo de la empresa familiar.

[229] Ya hicimos referencia a la importancia de la adaptabilidad de los valores, manteniendo la esencia de la familia.

[230] Se tratará de forma específica en un punto, debido a su importancia. Ya vimos el papel que deben desarrollar determinados órganos y normas en esta tarea.

Si profundizamos en cada uno de estos puntos, podemos veremos que cada uno de ellos será la mejor solución dependiendo de la realidad particular de cada familia y del momento evolutivo donde se encuentre. Los tres primeros son los más claros a la hora de ser aplicados, pero no por ello son los únicos necesarios.

Entrando en el primer método la idea de *Consensus Building* o construcción de consenso, según Aronoff y Ward en *Family Business Values* (1995), destaca la importancia de alcanzar acuerdos y consensos en las decisiones clave dentro de las empresas familiares.

De esta forma, la construcción de consenso en un método de suma que puede ser lento y/o inoperativo llegado el momento, pero a la larga suele ser la mejor elección, siempre y cuando sea operativo.

Aspectos principales de *Consensus Building*

1. **Proceso inclusivo**[231]
   - Aspecto: la construcción de consenso implica involucrar a los miembros relevantes de la familia y la empresa en el proceso de toma de decisiones.
   - Impacto: busca garantizar que las decisiones reflejen las opiniones y preocupaciones de diversos miembros, promoviendo un sentido de inclusión y participación.

2. **Escucha activa**[232]
   - Aspecto: la práctica de escuchar activamente a todas las partes interesadas, fomentando la comprensión y consideración de diferentes perspectivas.
   - Impacto: mejora la calidad de las decisiones, al incorporar una variedad de opiniones y experiencias, evitando sesgos y promoviendo soluciones equitativas.

---

[231] Bien ejecutado, es un método que refuerza de forma directa y sólida la cohesión familiar.

[232] Ya habíamos hablado de este aspecto fundamental en la dinámica familiar, pero me permito de nuevo resaltar la importancia de la comisión de formación en conseguirla, mantenerla y consolidarla.

3. **Prevención de conflictos**[233]
- Aspecto: busca reducir conflictos al abordar las preocupaciones de manera proactiva y encontrar soluciones que sean aceptables para todos.
- Impacto: evita tensiones innecesarias dentro de la familia y la empresa, contribuyendo a un ambiente más armonioso y colaborativo.

Impacto en la familia
1. **Cohesión familiar**
- Impacto: la construcción de consenso fortalece la cohesión familiar al involucrar a los miembros en el proceso de toma de decisiones, creando un sentido de responsabilidad compartida.
2. **Reduce el riesgo de rupturas**
- Impacto: al prevenir la toma de decisiones unilateral, se reduce el riesgo de rupturas familiares alrededor de conflictos generados por decisiones empresariales.

Impacto en la empresa
1. **Decisiones sostenibles**
- Impacto: las decisiones basadas en consenso tienen más probabilidades de ser sostenibles a largo plazo, ya que reflejan la aceptación general y minimizan la resistencia interna.
2. **Mayor implementación**
- Impacto: las decisiones construidas sobre el consenso son más propensas a ser implementadas eficazmente, ya que

---

[233] Aquellas familias que han mantenido una actitud activa, adelantándose y evitando el crecimiento o enquistamiento de temas, suelen tener una mayor cohesión familiar y capacidad de resolución de conflictos que aquellas que son reactivas en este tema.

los involucrados están más dispuestos a respaldar y trabajar hacia la ejecución exitosa.

Seguimos viendo que toda esta teoría permite en la realidad a empresas familiares enfrentarse a la toma de decisiones de una forma constructiva y resolutiva.

Ejemplos reales

1. **SC Johnson**
   - La empresa familiar SC Johnson ha empleado la construcción de consenso en decisiones claves. En la sucesión, la familia trabajó codo con codo para llegar a un acuerdo sobre la transición de liderazgo, evitando conflictos y garantizando la continuidad empresarial.

2. **Bosch**
   - Bosch, una empresa familiar alemana, ha implementado prácticas de construcción de consenso en decisiones estratégicas. La colaboración entre la familia y los líderes empresariales ha contribuido a la estabilidad y éxito continuo.

En resumen, la construcción de consenso emerge como una práctica esencial en empresas familiares, ya que impacta positivamente en la toma de decisiones, promoviendo la colaboración, previniendo conflictos y fortaleciendo la familia y la empresa en su conjunto.

El siguiente método no tiene que ser excluyente de la construcción de consenso, pero dota a las familias y a la empresa de mayor flexibilidad (generalmente) a la hora de tomar decisiones, sobre todo cuando las ramas familiares son amplias y hay una disparidad de momentos vitales y/o empresariales.

La idea de *Voting Mechanisms* o mecanismos de votación, según Aronoff y Ward en *Family Business Values* (1995), destaca la utilización de procesos formales de votación para tomar decisiones en empresas familiares. De esta forma, la familia se dota de un mecanismo formal por el cual hay claridad de lo que se necesita para la toma o no de determinadas decisiones[234]:

Aspectos principales de *Voting Mechanisms*

1. **Proceso estructurado**
   - Aspecto: implica la implementación de un proceso estructurado de votación en el que los miembros de la familia tienen la oportunidad de expresar sus preferencias.
   - Impacto: proporciona un marco claro y transparente para la toma de decisiones, evitando ambigüedades y promoviendo la equidad.

2. **Claridad en las decisiones**
   - Aspecto: ofrece claridad en la determinación de las preferencias mayoritarias, asegurando que la decisión refleje la voluntad colectiva de los miembros.
   - Impacto: facilita la implementación de decisiones al reducir la incertidumbre sobre qué dirección ha sido respaldada por la mayoría.

3. **Equidad y participación**
   - Aspecto: garantiza que cada miembro tenga la oportunidad de participar y que sus opiniones sean consideradas.
   - Impacto: contribuye a un proceso más equitativo, evitando que un pequeño grupo de individuos influya de manera desproporcionada en la toma de decisiones.

---

[234] Ya hemos comentado que la definición de las materias, sistemas de votación y mayorías necesarias deben reflejarse en el protocolo y/o la normativa específica de cada órgano familiar y, en su caso, empresarial.

Impacto en la familia

1. **Reducción de conflictos**
- Impacto: la implementación de mecanismos de votación puede reducir los conflictos familiares al proporcionar un proceso objetivo y justo para la toma de decisiones.

2. **Transparencia**
- Impacto: fomenta la transparencia dentro de la familia al garantizar que las decisiones sean tomadas de manera abierta y comprensible para todos.

Impacto en la empresa

1. **Implementación eficiente**
- Impacto: los mecanismos de votación facilitan una implementación más eficiente de las decisiones al evitar la indecisión y permitir la ejecución rápida de las medidas respaldadas por la mayoría.

2. **Continuidad empresarial**
- Impacto: contribuye a la continuidad empresarial al establecer procesos formales para decisiones críticas, lo que es especialmente valioso en situaciones de sucesión o cambios estratégicos.

Aquí vemos cómo la aplicación práctica de los distintos tipos de mecanismos de votación ha permitido a las empresas familiares crecer y seguir consolidándose como referentes dentro de sus sectores, a la vez que han fortalecido los lazos y la estructura de la propia familia.

Ejemplos reales

1. **Grupo Ferrero**
- En la empresa familiar italiana Ferrero, conocida por marcas como Nutella, se han utilizado mecanismos de votación en

decisiones estratégicas importantes. Por ejemplo, en la elección del nuevo CEO, se realizó una votación para determinar la preferencia de la mayoría de los accionistas familiares.

2. **Roche**
- La empresa farmacéutica suiza Roche, también de origen familiar, ha implementado procesos de votación en asuntos claves, como la expansión de la cartera de productos. Las decisiones son tomadas después de un proceso de votación entre los miembros claves de la familia propietaria.

En resumen, los mecanismos de votación son una herramienta formal para la toma de decisiones en empresas familiares. Su implementación busca garantizar equidad, claridad y participación, impactando positivamente en la reducción de conflictos y en la eficiencia de la implementación de decisiones en el ámbito familiar y empresarial.

Por último, el método de *External Facilitation* es, a mi entender, más algo puntual que estructural, ya que en otro caso estaría demostrando la carencia de determinados valores o capacidades en la familia para poder gestionarse de forma autónoma. Si así fuera, creo mucho más interesante, de forma paralela, usar un facilitador externo para no parar la operativa y perjudicar a la empresa y trabajar con los diferentes miembros de la familia en la solución de la raíz del problema que no les permiten usar cualquiera de los dos métodos anteriores.

La idea de *External Facilitation* o facilitación externa[235] se centra en la incorporación de facilitadores externos en el proceso de toma de decisiones en empresas familiares. De esta forma, incorporamos voces, pero no voto, al proceso de toma de decisión.

---

[235] A modo práctico, ya comentamos la utilidad del uso de este método en la creación del Consejo de Familia, para que este nazca sin lastres del pasado ni reivindicaciones pendientes.

Su función principal es solapar o crear puentes y modelos de comunicación entre las personas que sí tienen voto y, de forma secundaria, aportar experiencias o conocimientos en un tema concreto para facilitar la decisión.

Aspectos principales de *External Facilitation*
1. **Facilitadores externos especializados**
   - Aspecto: implica la contratación de profesionales externos, como consultores o mediadores, para facilitar el proceso de toma de decisiones.
   - Impacto: aporta una perspectiva objetiva y experiencia en la gestión de dinámicas familiares, mejorando la eficacia del proceso.
2. **Neutralidad y objetividad**
   - Aspecto: los facilitadores externos actúan como mediadores neutrales, ayudando a mitigar conflictos y asegurando un proceso de toma de decisiones más objetivo.
   - Impacto: minimiza sesgos y favoritismos, creando un ambiente propicio para decisiones más racionales y equitativas.
3. **Habilidades de comunicación mejoradas**
   - Aspecto: la facilitación externa implica el uso de habilidades especializadas en comunicación para mejorar el diálogo y la comprensión entre los miembros de la familia.
   - Impacto: facilita un intercambio más efectivo de ideas y opiniones, contribuyendo a una toma de decisiones más informada y colaborativa.

Impacto en la familia
1. **Resolución de conflictos familiares**
   - Impacto: la facilitación externa contribuye a la resolución de conflictos familiares, al proporcionar un espacio estructurado y neutral para abordar diferencias de opinión.

2. **Fortalecimiento de relaciones:**
- Impacto: mejora las relaciones familiares al permitir que las discusiones difíciles sean guiadas de manera profesional, evitando tensiones innecesarias.

Impacto en la empresa
1. **Toma de decisiones estratégicas**
- Impacto: facilita la toma de decisiones estratégicas al proporcionar herramientas y técnicas que permiten a la familia abordar asuntos complejos y tomar decisiones informadas.
2. **Preparación para la sucesión**
- Impacto: en situaciones de sucesión, la facilitación externa puede ayudar a la familia a planificar y ejecutar la transición de liderazgo de manera suave y eficiente.

La figura de un consultor externo para apoyar a cualquier empresa en un tema técnico o nuevo es práctica habitual en el caso de las empresas familiares, debido a sus particularidades. Estos facilitadores externos son de ayuda en la toma de decisiones y en la gestión de la interrelación de los diferentes miembros de la familia en momentos puntuales o necesarios.

Ejemplos reales
1. **Estée Lauder**
- La familia Lauder, propietaria de Estée Lauder Companies, ha recurrido a facilitadores externos durante procesos de planificación estratégica y sucesión. Esto ha contribuido a la toma de decisiones más estructurada y al desarrollo de estrategias a largo plazo.
2. **Sodexo**
- Sodexo, una empresa familiar francesa, ha utilizado facilitación externa en la gestión de conflictos familiares re-

lacionados con la sucesión. La intervención externa ha ayudado a mantener un ambiente de toma de decisiones más colaborativo.

En resumen, la facilitación externa se presenta como una herramienta valiosa para mejorar la toma de decisiones en empresas familiares, al proporcionar neutralidad, objetividad y habilidades especializadas. Contribuye al ámbito familiar, al resolver conflictos, y también a la empresa, al facilitar decisiones estratégicas y procesos de sucesión.

Aspectos principales: planificación estratégica y normativa profesionalizada

La esencia de la planificación estratégica profesionalizada radica en la incorporación de profesionales externos a la empresa familiar. Ya hablamos de su incorporación a la hora de la redacción de las normas o de su inclusión en alguno de los órganos ya comentados

Estos expertos no solo ofrecen una perspectiva objetiva desde fuera de la dinámica familiar, sino que también aportan conocimientos especializados en áreas específicas de la planificación estratégica y normativa. Este enfoque no solo agrega una capa de profesionalismo, sino que también introduce mejores prácticas y metodologías actualizadas.

La incorporación de profesionales externos cobra especial relevancia cuando la empresa familiar busca mejorar su gestión estratégica y aumentar la eficiencia operativa y normativa. Los profesionales externos pueden intervenir en puntos críticos, en los que se requiere una atención especializada, como la sucesión, la gestión del riesgo, la conformidad normativa y otros aspectos claves. La aplicación de la planificación estratégica profesionalizada se traduce en una gestión más ágil, adaptada a los desafíos actuales del mercado y las particularidades de la empresa familiar.

Soy un defensor de usar estos recursos como refuerzo de una buena gestión previa, ya que, si no existe la base de cohesión y unidad familiar sobre los valores y principios, se deberá solucionar el problema de base antes de afrontar esta planificación estratégica y normativa.

Dicho esto, si podemos usarlo, nos aportarán de forma visible estos beneficios:

1. **Perspectiva externa**
   - Brinda una perspectiva objetiva y desvinculada de las dinámicas familiares, permitiendo una evaluación imparcial.
2. **Conocimientos especializados**
   - Los expertos aportan conocimientos específicos en áreas como sucesión, gobernanza y gestión de riesgos, abordando desafíos con precisión.
3. **Mejores prácticas**
   - La implementación de mejores prácticas y metodologías actualizadas eleva la calidad de la planificación estratégica y normativa.
4. **Eficiencia operativa**
   - La profesionalización contribuye a una gestión más eficiente, optimizando procesos y asegurando la alineación estratégica.

Aspectos principales: toma de decisiones efectivas

Existen diversos métodos para la toma de decisiones efectivas, pero me centraré en un formato simple que permite unificar las necesidades de familias y de las empresas familiares. Antes, deseo recalcar lo que ya hemos comentado en varias partes de este texto: los procesos, las mayorías, los formatos para la toma de decisiones deben estar claramente diseñados y explicados en las normas correspondientes y es responsabilidad de los miembros de los órganos competentes que se apliquen y cumplan.

Sobre esa base, lo primero que debemos hacer es comprender a fondo la necesidad o problema que se enfrenta. En el contexto de empresas familiares, donde las dinámicas pueden ser complejas, es esencial enfocarse en un problema específico en lugar de dispersar la atención en múltiples áreas. Ayudan a definir claramente el problema preguntas claves como: ¿qué problema surgió?, ¿cuál es el objetivo de tomar una decisión al respecto? y ¿en cuánto tiempo debería resolverse?

Una vez identificado el problema, la recopilación de información se convierte en un paso clave. Seleccionar aspectos relevantes y anotarlos permite organizar la diversidad de variables. Utilizar diferentes criterios, como prioridades económicas, valores familiares o comparación de ventajas y desventajas, facilita la visualización clara de opciones.

Gracias a encontrarnos dentro de una familia y una empresa familiar, y la riqueza que ello conlleva, podemos dar el siguiente paso con diferentes enfoques. Me refiero a la toma de decisiones basada en sentimientos, prioridades o puntuaciones comparativas para evaluar las alternativas.

- **Decidir según los sentimientos:** evaluar cómo cada alternativa resuena emocionalmente con los miembros familiares puede ser un factor crucial. La conexión emocional con la decisión puede influir en su implementación y aceptación.
- **Decidir según las prioridades:** establecer prioridades claras, ya sean familiares, financieras o estratégicas, permite enfocarse en los aspectos más relevantes y alineados con los objetivos a largo plazo.
- **Decidir según puntuaciones comparativas:** asignar puntuaciones a cada alternativa en función de criterios predefinidos proporciona una estructura objetiva. Esto facilita la comparación y la identificación de la opción más beneficiosa.

Como vemos, existen enfoques mucho más allá de los puramente económicos o de rendimiento. Se deberán balancear a la hora de afrontar una decisión familiar que puede impactar en la empresa familiar.

Tras pensar en los aspectos claves, analizarlos y anotarlos, se llega a una conclusión objetiva. La toma de decisiones en empresas familiares se beneficia de este enfoque metódico al reducir la influencia de sesgos personales y garantizar una evaluación equilibrada de las opciones disponibles.

Adoptar estas estrategias para la toma de decisiones en empresas familiares no solo mejora la calidad de las decisiones, sino que también fortalece la cohesión familiar, al establecer procesos claros y objetivos para abordar los desafíos empresariales y familiares.

Aspectos principales: aprendizaje continuo y adaptabilidad

En el entramado singular de las empresas familiares, el aprendizaje continuo y la adaptabilidad, como hemos ido viendo a lo largo de todo el texto, se revelan como fundamentos inquebrantables, cimentando la resiliencia y asegurando el éxito a largo plazo. Estos pilares esenciales no solo promueven una mentalidad de aprendizaje constante, sino que también capacitan a la empresa para adaptarse proactivamente a las transformaciones del entorno empresarial, infundiendo vitalidad a través de la incorporación constante de nuevas ideas y enfoques.

El aprendizaje continuo y la adaptabilidad no son simples estrategias, en realidad se trata de una filosofía arraigada en la esencia misma de la empresa familiar. Más allá de la adquisición de habilidades técnicas, este enfoque implica la construcción de una cultura organizacional que abraza la mejora constante como un imperativo.

En el contexto complejo de empresas familiares, en las que la tradición y la innovación coexisten, este enfoque no busca anular el legado, sino integrar nuevas ideas y enfoques de manera orgánica, manteniendo viva la capacidad de evolución.

En la práctica, fomentar una mentalidad de aprendizaje constante implica crear entornos propicios para la curiosidad y el desarrollo continuo. Programas de formación, mentorías y la creación de espacios para compartir experiencias se convierten en vehículos para el crecimiento constante.

Por otro lado, la adaptabilidad proactiva implica no solo reaccionar a los cambios, sino anticiparlos y prepararse para ellos. La incorporación de nuevas ideas se convierte en un proceso fluido, alimentando la creatividad y la innovación.

Este enfoque adquiere una dimensión única en empresas familiares, donde la tradición es un activo valioso. En lugar de ver la innovación como una amenaza, se abraza como un complemento que enriquece el legado familiar. La integración de nuevas ideas y enfoques se convierte así en un acto de equilibrio, donde la empresa evoluciona sin perder su identidad.

En conclusión, el aprendizaje continuo y la adaptabilidad no solo son elementos cruciales en la caja de herramientas estratégicas de las empresas familiares, sino que constituyen una filosofía que permea cada aspecto de la organización. Al abrazar la mejora constante y la capacidad de adaptación, las empresas familiares no solo resisten a los desafíos, sino que también florecen en la capacidad de evolucionar y dejar su marca en el tejido empresarial a lo largo del tiempo.

5.3 Manejo del ego en el entorno de la empresa familiar

Como estoy seguro de que todos conocemos casos en nuestras propias familias de discusiones basadas en el ego, no debería sorprender que, en el contexto de una familia propietaria de un negocio, la dinámica familiar relacionada con nuestras necesidades individuales de ego pueda intensificarse rápidamente.

El solapamiento de la familia y la empresa puede dar lugar a algunos conflictos que probablemente estén asociados a las necesidades de ego de uno o más miembros de la familia.

Cuando un miembro de la familia experimenta un desafío a sus necesidades o a lo que él estima justo, el resultado puede ser una actitud defensiva... e incluso agresiva.

Por ejemplo, el reto de la planificación de la sucesión en la empresa familiar a menudo se ve dificultado por una serie de preocupaciones de ego.

- Los fundadores de empresas suelen tener una gran necesidad de ego y de control.
- El patriarca puede albergar cierta ansiedad por su pérdida del reconocimiento en su familia y/o comunidad si deja de ser el director general.
- Otros ejecutivos pueden temer que su posición, poder, influencia disminuya con la nueva generación.
- La elección del líder apropiado entre un grupo de hermanos y primos que comparten una relación similar a la de los padres en la familia puede confundir a las familias y llevarlas a no querer hacer la elección necesaria.

Además, como nadie en la siguiente generación aspira necesariamente a tener el mismo tipo de liderazgo o presencia que el fundador, la adaptación a un nuevo estilo de liderazgo puede ser un reto para todo el sistema.

Los grupos de asociación entre hermanos y primos propietarios tienen su propio conjunto de caracteres y desafíos, que también pueden verse afectados por cuestiones de ego. Por ejemplo, la rivalidad entre hermanos suele empezar como percepciones de favores desiguales entre ellos por parte de los miembros adultos de la familia. Nos referimos a pensamientos como: «A mamá siempre le gustaste más...».

Hay otras relaciones familiares que suelen tener su cuota de conflicto: marido y mujer, suegra y nuera, padre e hijo... por nombrar solo algunas.

En casi todas estas relaciones podemos observar tensiones que probablemente tienen su origen en necesidades y retos de ego que a menudo se reducen a quién tiene más *tirón* en el sistema o quién es más valorado, respetado o favorecido, ya sea por la percepción o por la realidad.

Estas amenazas de ego pueden aparecer en una empresa familiar a través de una variedad de comportamientos, incluyendo la competencia por posiciones de poder, los desacuerdos sobre la compensación y el título, el tamaño y la ubicación de la oficina, la afirmación agresiva de la influencia personal sobre la dirección, el empuje de las discusiones de transición y las transferencias generacionales.

En todas las relaciones existen desafíos de ego, ya que hay un deseo natural de ser la voz más fuerte, algo basado en la necesidad de ego del cerebro[236].

Los líderes ven cuestionado su ego continuamente en una empresa familiar, de formas pequeñas y grandes. Por ejemplo, sus ideas y decisiones pueden ser discutidas o rebatidas de forma rutinaria (pequeña) o un hermano o primo puede querer destituirlos de su puesto por no conseguir resultados (grande).

Tanto los líderes familiares como los no familiares deben estar preparados para estos retos y deben gestionar sus propias necesidades de ego en respuesta a estos retos.

Los comportamientos defensivos suelen aparecer cuando el ego de un individuo se ve amenazado o ignorado. Estos compor-

---

[236] Marmot, en su investigación longitudinal sobre la jerarquía en la administración pública, llama a esta necesidad «síndrome de ego».

tamientos pueden manifestarse como falta de comunicación, una actitud negativa (abierta y encubierta) a compartir información o discutir decisiones empresariales, mostrarse reacio a ser objetivo sobre las capacidades de liderazgo, uso de un lenguaje agresivo y condescendiente, triangulación... y otras respuestas similares.

Curiosamente, estos comportamientos más pobres pueden ser protagonizados por los que tienen un ego alto y por los que tienen un ego más bajo, como forma de hacer frente al desequilibrio. Aunque es probable que estos comportamientos estén ligados a hábitos aprendidos en las primeras etapas de la vida, tienden a ser contraproducentes más adelante.

La conclusión es que intentar afirmar o desafiar fuertemente el ego en el sistema de la empresa familiar tenderá a tener impactos negativos e innecesarios en la calidad de las relaciones entre los miembros de la familia y en la empresa.

Aunque las empresas familiares están plagadas de problemas de ego, también ofrecen oportunidades para satisfacer nuestra legítima necesidad de ego.

Si cambiamos nuestro enfoque y nuestra forma de pensar de las *amenazas* de ego a las *necesidades* de ego, las complejidades y los posibles conflictos entre los miembros de la familia podrán gestionarse de forma más eficaz.

Al comprender que nuestra necesidad de ego es algo natural, podremos entender, aceptar y gestionar mejor esta necesidad, con la esperanza de mejorar la calidad de las relaciones entre los miembros de la familia. Desde este punto de vista, los miembros de la familia tienen necesidades básicas de ego que se manifiestan en forma de respeto, capacidad, influencia y autoridad.

El reto que surge es cómo ayudar a las familias a crear formas de identificar y abordar estas necesidades de ego, de modo que puedan satisfacerse las diferentes necesidades individuales, permitiendo al mismo tiempo que la familia y la empresa funcionen de forma eficaz y saludable.

Ya hemos comentado muchas formas de trabajar esa necesidad de ego a lo largo de este texto, pero debido a la importancia y relevancia de este tema, me permito remarcar algunas estrategias y procesos que pueden ser implementados:

1. **Diálogo abierto y comunicación transparente**[237]
   - **Ejemplo:** establecer sesiones regulares de diálogo en las que los miembros de la familia puedan expresar abiertamente sus preocupaciones y necesidades sin temor a juicios.
   - **Proceso:** programar reuniones familiares periódicas para discutir temas relacionados con la familia y con empresa fomentando un ambiente de confianza.

2. *Coaching* **y desarrollo personal**[238]
   - **Ejemplo:** proporcionar oportunidades de *coaching* y desarrollo personal para que los miembros de la familia trabajen en el autoconocimiento y la gestión de sus propias necesidades de ego.
   - **Proceso:** contratar profesionales externos para ofrecer sesiones de *coaching* individual y grupal, centrándose en el crecimiento personal y profesional.

3. **Definición clara de roles y responsabilidades**[239]

---

[237] Hemos insistido a lo largo de todo este escrito en la importancia de generar esa comunicación en la familia y de dotar de espacio y tiempo para que todos puedan expresarse sin miedo y con la seguridad de que serán escuchados.

[238] Lo hemos tratado tanto en el protocolo como en el Consejo de Familia, con un foco espacial en la Comisión de Formación, que no solo debe enfocarse en la formación académica empresarial sino en todos aquellos aspectos que puedan ayudar a la cohesión familiar y al desarrollo completo de todos sus miembros

[239] De nuevo, algo que ya hemos tratado y que es básico: la claridad y transparencia, tanto en el proceso de acceso como en los nombramientos, control

- **Ejemplo:** establecer roles y responsabilidades claros para cada miembro de la familia en los órganos de la familia y en empresa, evitando confusiones y rivalidades innecesarias.
- **Proceso:** desarrollar un organigrama detallado y acordado por todos los miembros, definiendo las responsabilidades específicas de cada individuo. Y como se puede acceder a ellos

4. **Reconocimiento y celebración de logros**[240]

- **Ejemplo:** implementar un sistema de reconocimiento para destacar los logros individuales y colectivos, satisfaciendo la necesidad de reconocimiento y respeto, en relación con éxitos empresariales y personales.
- **Proceso:** establecer ceremonias o eventos regulares para celebrar los éxitos y contribuciones de los miembros de la familia en la empresa.[241]

5. **Proceso de toma de decisiones participativo**

- **Ejemplo:** incluir a todos los miembros en el proceso de toma de decisiones, permitiendo que cada voz sea escuchada y respetada.[242]

---

y seguimiento, fortalece la cohesión familiar a la vez que se dota de un instrumento para la gestión de los egos en los procesos.

[240] Siendo esta una muy buena práctica, me permito remarcar que en el caso de que vayan a existir reconocimientos de valor económico destacado (dinero, coches, viajes...), estos deben estar claramente definidos para que haya igualdad entre miembros para logros iguales. De otra forma, se podría generar determinada aleatoriedad que a la larga dañaría la cohesión familiar, con el perjuicio que eso produciría.

[241] A modo de ejemplo: una familia, en la reunión anual de su Asamblea Familiar, tiene ya establecido un momento de reconocimiento (con premios placas...) para toda la familia y los logros del año, que pueden consistir en haber entrado en una universidad, haber conseguido una fusión internacional exitosa, incluso hasta haber tenido un hijo.

[242] Esta inclusión ha de ser ordenada, ya hemos visto que hay temas donde se puede dar voz a todos los miembros, pero el voto corresponde solo a algunos. Por lo que, de nuevo, toman especial relevancia la claridad en la normativa y procesos y la transparencia y claridad en la comunicación.

- **Proceso:** implementar reuniones estructuradas en las que se discutan y voten decisiones importantes, asegurando una participación equitativa.
6. **Mentoría y apoyo mutuo**[243]
- **Ejemplo:** establecer programas de mentoría entre miembros más experimentados y aquellos que ingresan a la empresa, promoviendo un ambiente de apoyo y aprendizaje.
- **Proceso:** asignar mentores a nuevos miembros de la familia, facilitando la transferencia de conocimientos y la integración efectiva.

Al abordar estas estrategias y procesos, las empresas familiares pueden crear un entorno donde las necesidades de ego se satisfacen de manera constructiva, contribuyendo a la eficacia y la salud general de la familia y la empresa. La clave radica en la apertura al cambio, la adaptabilidad y el compromiso constante con la mejora continua.

---

[243] Los modelos de interrelación ya no solo generacional, sino también entre distintas ramas de la familia, siempre generan nuevos canales de comunicación, además de reforzar la cohesión familiar. De nuevo, debemos ser muy cuidadosos a la hora de desarrollarlos, especificando con un sistema justo quién tiene derecho a participar, por cuánto tiempo, con qué objetivos...

REFLEXION DE CIERRE

A lo largo de nuestra disertación, hemos explorado una variedad de aspectos cruciales relacionados con la familia, la gestión y la dinámica de las empresas familiares. Desde la importancia de establecer un protocolo familiar sólido hasta la comprensión de los roles y responsabilidades dentro de la empresa, hemos abordado temas fundamentales que afectan tanto a la familia como al negocio.

Hemos destacado la necesidad de mantener una clara separación entre la esfera familiar y empresarial, al tiempo que fomentamos una comunicación abierta y una colaboración efectiva entre ambas.

Tras este trabajo, podemos reconocer que, cuidando a la familia como un ente independiente de la empresa, reforzamos y potenciamos también la empresa familiar. Hemos reconocido que la gestión familiar implica equilibrar tradición e innovación, preservando los valores arraigados, mientras se adapta a un entorno empresarial en constante cambio.

Además, hemos resaltado la importancia de órganos como la Junta Familiar, el Consejo de Familia y las comisiones especializadas, que desempeñan roles críticos en la toma de decisiones, la planificación estratégica y la sucesión de liderazgo.

En última instancia, hemos comprendido que el éxito a largo plazo de una empresa familiar radica en la capacidad de mantener una visión a largo plazo, cultivar relaciones sólidas y gestionar con sensibilidad la interacción entre lo familiar y lo empresarial, usando a la familia y todas sus particularidades como eje y fortaleza.

Estoy seguro de que os quedarán preguntas y podremos seguir hablando de ellas; de hecho, estoy deseándolo, pero también espero haberos dotado de los conocimientos teóricos y las experiencias prácticas básicas para que las dudas que me planteasteis y me llevaron a escribir este libro hayan quedado resultas.

Nos vemos pronto.

Documentos

COLLAGE PROTOCOLO

1. INTRODUCCIÓN Y OBJETIVOS

* **Descripción de la familia y la empresa**
* **Objetivos y propósito del protocolo familiar**

El protocolo familiar de la Familia PALOTE tiene como objetivos generales la preservación de valores, la continuidad del negocio, la armonía familiar y la promoción de la transparencia y comunicación. Específicamente, busca el desarrollo de liderazgo, una planificación sucesoria efectiva, la inclusión de nuevos miembros y el compromiso con la responsabilidad social y ética. El propósito global es preservar nuestra identidad familiar, sustentar la empresa familiar y facilitar la toma de decisiones colectivas que reflejen nuestros intereses y valores familiares.

1.1 Estructura familiar

La Familia PALOTE se compone actualmente de XX miembros, distribuidos entre XX ramas. Reconocemos la diversidad de talentos, habilidades y perspectivas que cada miembro aporta a nuestra familia. La estructura familiar está compuesta por los fundadores, los miembros activos en la empresa y aquellos que participan en roles de apoyo.

1.2 Vínculo con la empresa

La empresa PALOTES PALOTILES, fundada por el SR. PALOTE Y LA SRA PALOTILES en XXX representa la manifestación de nuestros valores familiares en el ámbito empresarial. Reconocemos que la empresa ha sido un catalizador significativo en nuestra historia familiar y ha desempeñado un papel crucial en nuestra identidad colectiva. Actualmente, XX miembros de la familia participan activamente en diversas funciones dentro de la empresa.

1.3 Roles y responsabilidades

Cada miembro de la familia tiene roles y responsabilidades específicos, tanto en la familia como en la empresa. Estos roles se asignan teniendo en cuenta las habilidades individuales, las aspiraciones profesionales y la necesidad de garantizar una gestión eficiente de la empresa. Se fomenta la colaboración y el apoyo mutuo para lograr los objetivos familiares y empresariales.

1.4 Participación en decisiones empresariales

La participación en decisiones estratégicas y operativas de la empresa está abierta a todos los miembros interesados. Establecemos procesos formales para la toma de decisiones que permitan la contribución activa de cada miembro, ya sea directamente involucrado en la empresa o brindando asesoramiento desde su experiencia y perspectiva única.

1.5 Incorporación de nuevos miembros

Establecemos un proceso transparente para la incorporación de nuevos miembros a la empresa, ya sean familiares o no. Este proceso incluye evaluaciones de habilidades, programas de integración y la comunicación clara de expectativas. Buscamos garantizar una transición suave y la continuidad de la cultura empresarial y familiar.

1.6 Sucesión y continuidad empresarial

Reconocemos la importancia de una planificación de sucesión efectiva. Establecemos procedimientos claros para la sucesión generacional, asegurando la continuidad del liderazgo y la gestión competente de la empresa en el futuro. Este proceso se desarrollará con el compromiso de preservar la esencia y los valores que han sido fundamentales para nuestra familia y empresa.

Este protocolo busca establecer una conexión sólida entre la estructura familiar y la empresa, reconociendo la importancia de ambas en la construcción y preservación de nuestro legado familiar.

2: Definición de la familia y sus miembros

2.1 Definición de la familia

Para los propósitos de este protocolo, la Familia PALOTE se define como un grupo cohesionado por lazos sanguíneos, afectivos y/o legales. Reconocemos que la familia es una entidad dinámica que puede incluir a miembros consanguíneos, cónyuges, parejas de hecho, hijos adoptivos y aquellos que, a pesar de no tener lazos biológicos, son considerados y tratados como miembros familiares.

2.2 Miembros de la familia

Los miembros de la Familia PALOTE incluyen a todos aquellos que comparten vínculos familiares, según la definición anterior. Esta definición abarca a los fundadores, cónyuges, hijos biológicos, hijos adoptivos, parejas de hecho y cualquier otro miembro que sea reconocido como parte integral de la familia. La participación en eventos familiares y el acceso a información familiar están abiertos a todos los miembros bajo esta definición.

2.3 Casos de divorcio

En caso de divorcio, ambos cónyuges mantendrán su estatus como miembros de la Familia PALOTE. Sin embargo, se establecerán acuerdos específicos para la participación en eventos familiares y decisiones relacionadas con la empresa. Ambos cónyuges serán alentados a colaborar de manera respetuosa para preservar la armonía y el bienestar de la familia extendida."

2.4 Adopción

La adopción se considerará una forma igualmente válida de formar parte de la familia. Los hijos adoptivos serán plenamente reconocidos como miembros con los mismos derechos y responsabilidades que los hijos biológicos. Se promoverá un ambiente de inclusión y apoyo para todos los miembros de la familia, independientemente de su origen biológico o legal.

Sección 3. Mecanismo y proceso para la admisión de miembros y solución de circunstancias no previstas en el protocolo

3.1 Mecanismo para decidir quién es miembro

El ingreso de nuevos miembros a la Familia PALOTE se determinará mediante un mecanismo y proceso claro y transparente. Cualquier persona que no porte el apellido Palote y que desee ser reconocida oficialmente como miembro deberá someterse a este proceso, que incluirá una evaluación integral por parte del Consejo de Fundadores y, en su caso, la aprobación final por el Consejo de Familia.

3.2 Consejo de Fundadores

El Consejo de Fundadores, compuesto por los miembros originales que establecieron la empresa y la familia, desempeñará un papel crucial en la evaluación de nuevas adiciones a la familia. Este consejo evaluará la idoneidad y alineación de los valores de los solicitantes con los principios fundamentales de la familia y la empresa.

3.3 Consejo de Familia

El Consejo de Familia, representando a los miembros activos y aportando diversas perspectivas, revisará las recomendaciones del Consejo de Fundadores y tomará decisiones finales sobre la admisión de nuevos miembros. Este proceso garantiza una participación más amplia y una toma de decisiones colectiva en asuntos relacionados con la composición de la familia.

3.4 Evaluación de candidatos

Los candidatos serán evaluados con base en criterios predefinidos, que pueden incluir:

a. **Afinidad con los valores familiares**

   Se debe demostrar comprensión y respeto por los valores fundamentales de la familia, como la integridad, la colaboración y la responsabilidad.

b. **Contribución positiva:**

Mostrar la capacidad de contribuir de manera positiva al bienestar general de la familia, ya sea a través de participación en eventos familiares, apoyo emocional o contribuciones significativas a la comunidad.

c. **Alineación con el protocolo familiar**

Comprometerse a seguir y respetar el protocolo familiar establecido, demostrando la disposición para integrarse en la cultura y las normas de la familia.

d. **Habilidad para contribuir al negocio**

En el caso de involucramiento en la empresa, se deberá demostrar habilidades y capacidades que puedan contribuir al éxito continuo del negocio familiar.

3.5 Registro y comunicación

Una vez que se haya aprobado la admisión de un nuevo miembro, se actualizará un registro familiar oficial. Se comunicará de manera clara y respetuosa la aceptación al solicitante y se facilitará la integración gradual en eventos familiares y en la participación en decisiones familiares y empresariales.

Sección 4. Obligaciones y beneficios de ser miembro de la familia

4.1 Obligaciones

Ser miembro de la Familia PALOTE implica el compromiso con ciertas obligaciones que reflejan nuestro respeto por los valores fundamentales y el deseo de preservar la armonía y el éxito a lo largo de las generaciones. Estas obligaciones incluyen:

- **Respeto a los valores familiares**

  Compromiso activo con los valores que definen a nuestra familia, como la integridad, el respeto mutuo y la colaboración.

- **Participación en eventos familiares**
  Asistencia y participación en eventos familiares diseñados para fortalecer los lazos afectivos y fomentar la cohesión familiar.
- **Apoyo a la empresa familiar**
  En el caso de aquellos miembros involucrados en la empresa, deberá existir una contribución activa y comprometida para el éxito continuo del negocio, respetando las políticas y decisiones establecidas.
  Comunicación abierta
  Compromiso con una comunicación abierta y honesta, especialmente en situaciones que puedan afectar la dinámica familiar o empresarial.
- **Seguir el protocolo familiar**
  Adherirse y respetar las disposiciones y pautas establecidas en este protocolo familiar.

4.2 Beneficios

Ser miembro de la Familia PALOTE conlleva beneficios significativos que enriquecen la experiencia familiar y promueven un ambiente de apoyo mutuo. Estos beneficios incluyen:

a. **Red de apoyo**
   Acceso a una red de apoyo emocional y práctico proporcionado por otros miembros de la familia.

b. **Participación en decisiones familiares**
   Para los miembros activos en el Consejo de Familia, la oportunidad de participar en la toma de decisiones importantes que afectan a la familia y la empresa.

c. **Herencia y legado**
   Participación en la construcción y preservación del legado familiar, con la posibilidad de transmitir valores y tradiciones a las generaciones futuras.

d. **Participación en la empresa familiar**

Para aquellos involucrados en la empresa, supone la oportunidad de contribuir al éxito del negocio y beneficiarse de sus logros.

e. **Desarrollo y crecimiento personal**

Oportunidades para el desarrollo personal y profesional a través de programas de educación, mentoría y experiencias compartidas

2. VALORES Y PRINCIPIOS

- **Enumeración de los valores fundamentales de la familia**
- **Principios éticos y morales que guían las acciones familiares y empresariales**

Sección 2. Valores y principios

2.1 Enumeración de los valores fundamentales

La Familia PALOTE se compromete firmemente con una serie de valores fundamentales que han sido la base de nuestra identidad y éxito a lo largo de las generaciones. Estos valores son:

- **Integridad**
  - ▷ Actuar con honestidad y transparencia en todas las interacciones, tanto familiares como empresariales.
- **Respeto mutuo**
  - ▷ Fomentar un ambiente de respeto y consideración hacia cada miembro de la familia, reconociendo y valorando sus contribuciones únicas.
- **Responsabilidad social**
  - ▷ Comprometerse con la comunidad y el entorno, buscando contribuir de manera positiva a través de iniciativas socialmente responsables.
- **Colaboración**
  - ▷ Fomentar la colaboración y el trabajo en equipo, reconociendo que el éxito de la familia y la empresa depende del esfuerzo colectivo.
- **Innovación**
  - ▷ Estimular la creatividad y la innovación, promoviendo la adaptabilidad y el progreso continuo.

2.2 Principios éticos y morales

Los principios éticos y morales que guían las acciones familiares y empresariales en la Familia PALOTE son:

- **Justicia:**
  - ▷ Tomar decisiones justas y equitativas que reflejen nuestros valores, considerando el impacto tanto en la familia como en la empresa.
- **Honestidad en los negocios**
  - ▷ Mantener altos estándares éticos en todas las transacciones comerciales, evitando prácticas engañosas o antiéticas.
- **Respeto por los empleados**
  - ▷ Valorar y respetar a los empleados, brindando un ambiente laboral seguro y equitativo.
- **Sostenibilidad**
  - ▷ Integrar prácticas sostenibles en todas las operaciones empresariales, demostrando un compromiso con la preservación del medio ambiente.
- **Compromiso con la verdad**
  - ▷ Mantener una comunicación abierta y veraz en todas las interacciones familiares y empresariales.

3. GOBIERNO Y TOMA DE DECISIONES

- **Estructura de gobierno familiar y empresarial. Definición de órganos, composición.**
- **Procedimientos para la toma de decisiones, tanto a nivel familiar como empresarial. Tipos de materias y mayorías necesarias para los acuerdos**

Sección 3. Gobierno y toma de decisiones

3.1 Estructura de gobierno familiar y empresarial: la Familia PALOTE establece una estructura de gobierno que distingue claramente entre la esfera familiar y empresarial.

Gobierno familiar
a. **Junta Familiar**
i. **Composición**

La Junta Familiar es un foro más amplio que incluye a todos los miembros de la familia, aunque no todos tienen un voto formal. Se exigirá la presencia a partir de los quince años, teniendo voz a partir de los 18 y solo teniendo voto solo si se posee un título universitario.

iii. **Frecuencia de las reuniones**

La Junta Familiar se reunirá al menos una vez al año, siempre que sea necesario, y será convocada por 3/5 partes del consejo de familia. También se puede solicitar por la mitad más uno de los miembros con derecho a voto. Las solicitudes extraordinarias deberán ser comunicadas a la presidencia que articulara la reunión dentro de los 30 días siguientes a recibir y validar la solicitud.

iii. **Propósito**

La Junta Familiar se reúne periódicamente para compartir actualizaciones, celebrar logros familiares, discutir temas de interés general v validar con base en las mayorías definidas en este documento las decisiones aprobadas por el Consejo de Familia, así como aprobar aquellas que por su especial relevancia o impacto en la familia requieran la aprobación previa de este órgano.

iii. **Participación abierta**

Todos los miembros son bienvenidos a expresar sus opiniones, pero se ruega que, en caso de no tener derecho a voz, los interesados envíen con anterioridad a la presidencia y a un representante con voz aquello que quieran compartir o exponer.

b.1 **Consejo de Fundadores**

i. **Composición**

El Consejo de Fundadores se compone de los fundadores originales de la compañía y aquellos que, tras ejercer el cargo de presidente o consejero delegado en el Consejo de Familia o el Consejo de Administración, finalicen todas sus funciones en el resto de los órganos o compañías de la familia.

ii. **Frecuencia de las reuniones**

Se reunirá cuando así lo requiera la Junta Familiar o el Consejo de Familia para aportar consejo y recomendación con base en los valores familiares y legado en los temas que así lo requieran. También se reunirá en los casos que así se le requiera en el presente protocolo.

iv. **Mayorías necesarias**

Las recomendaciones se tomarán por mayoría simple, siempre que estén presentes la mitad más uno de sus miembros.

b.2 **Consejo de Familia**

i. Composición

El Consejo de Familia se compone de X miembros elegidos democráticamente, representando a todas las generaciones de la familia.

ii. Frecuencia de las reuniones

Se reunirá ordinariamente de forma trimestral para abordar asuntos familiares, compartir información y tomar decisiones que afecten a la familia en su conjunto. También definirá el voto en las materias que este protocolo reserva de los representantes de la familia en los diferentes órganos de las empresas en las que la familia tiene participación o controla.

Podrá ser convocado por un solo representante de la familia en las empresas cuando se vaya a decidir en esta algo que requiera la aprobación previa del Consejo de Familia, para que el representante pueda ejercer el voto como representante de la familia.

iii. Agenda participativa

Los miembros pueden proponer temas para la agenda, asegurando que los asuntos relevantes sean discutidos.

iv. Mayorías necesarias

Las decisiones se tomarán por mayoría simple, excepto en asuntos críticos, que requerirán una mayoría cualificada de tres quintas partes.

c. Comisión de Formación

i. Composición

Integrada por expertos familiares y, cuando sea necesario, por profesionales externos con experiencia en formación y desarrollo. De forma inicial, estará compuesta por tres miembros de la familia y dos asesores independientes: XXXX y XXXX.

ii. Frecuencia de las reuniones

Este órgano se reunirá como mínimo tres veces al año; la primera, en el primer trimestre para definir el ciclo formativo del curso; otra, entre el segundo y tercer trimestre para realizar seguimiento. Y una tercera junto con la Junta familiar, para reportar la evolución y próximos pasos.

Del mismo modo, podrá ser convocado por el Consejo de Familia para reportar o profundizar en aquellos temas relativos a su ámbito de actuación, que el consejo estime necesario.

iii. Propósito

La Comisión de Formación tiene la responsabilidad de diseñar programas de desarrollo familiar, identificar oportunidades educativas y promover el crecimiento personal y profesional de los miembros de la familia.

iv. Informe anual

Presentará un informe anual al Consejo de Familia sobre las actividades y resultados de los programas de formación, el cual será elevado a la Junta Familiar para su validación.

d. Comisión de Nombramientos y Sucesión

i. Composición

Formada por miembros experimentados de la familia y, cuando sea necesario, por asesores externos con experiencia en gestión de sucesiones.

ii. Propósito

La Comisión de Nombramientos y Sucesión supervisa los procesos de nombramientos en la empresa (de aquellos cargos dependientes de la familia) y la planificación sucesoria familiar, asegurando una transición efectiva y justa.

iii. Evaluación continua

Realiza evaluaciones periódicas de la estructura de liderazgo y propone recomendaciones al Consejo de Familia.

Gobierno empresarial

a. Junta General

i. Composición

La Junta General se compone de todos los accionistas, o sus representantes, de la sociedad.

ii. Frecuencia de las reuniones

Se reúne como mínimo una vez al año para aprobar decisiones clave y las cuentas de la sociedad, así como para recibir informes específicos (EINF, ESG...).

b. Consejo de Administración

i. Composición

El Consejo de Administración se compone de miembros familiares y no familiares con habilidades y experiencia relevantes.

ii. Reuniones regulares

Se reunirá mensualmente para abordar cuestiones operativas y estratégicas.

iii. Decisiones estratégicas

Las decisiones estratégicas requerirán una mayoría cualificada para su aprobación.

iv. Participación de expertos externos

En casos específicos, se puede invitar a expertos externos para asesoramiento.

c. Comisión de auditoría

i. Composición

Formada por un mínimo de tres profesionales, de los cuales uno debe ser miembro del Consejo de Familia. El resto puede ser independientes con experiencia en auditoría y contabilidad.

ii. Propósito

La Comisión de Auditoría supervisa la integridad de los informes financieros, la eficacia de los controles internos y la conformidad con las normativas.

d. Comisión de Retribución y Nombramientos

i. Composición

Integrada por miembros externos expertos en recursos humanos y compensación.

ii. **Propósito**

La Comisión de Retribución y Nombramientos revisa y recomienda políticas de compensación, evalúa el desempeño del CEO y participa en la selección de nuevos directivos.

e. **CEO**

i. **Rol y responsabilidades**

El CEO es responsable de implementar las decisiones del Consejo de Administración y de la gestión diaria de la empresa.

4. ROLES Y RESPONSABILIDADES

* **Definición de roles en la empresa**
* **Incorporación a la empresa familiar: requisitos, responsabilidades, promoción y sucesión**

Sección 4. Roles y responsabilidades

4.1 Definición de roles y responsabilidades

4... iembros familiares en la empresa
  a. **Condiciones de ingreso**
  i. Los miembros familiares que deseen ingresar a la empresa deberán completar su educación formal, obtener experiencia externa relevante y proponer su incorporación a la Comisión de Nombramientos y Sucesión, que elevará o no su recomendación al Consejo Familiar, siendo este el que deberá validar por unanimidad su candidatura.

  ii. La entrada a la empresa no es automática. Tras la validación de la candidatura por la familia, está sujeta a la evaluación del Consejo de Administración y la Comisión de Nombramientos y Sucesión.

  b. **Roles y responsabilidades**
  i. Cada miembro familiar tendrá un rol claramente definido, basado en sus habilidades, intereses y educación.

  ii. Los roles se revisarán periódicamente para asegurar que estén alineados con las necesidades de la empresa y el desarrollo individual del miembro familiar.

  c. **Promoción basada en el mérito**
  i. La promoción y el avance en la empresa estarán basados en el mérito y el desempeño, independientemente del lazo familiar.

ii. Los miembros familiares serán evaluados regularmente según los mismos estándares que los empleados no familiares. Además, tendrán que someter una vez al año a la revisión y validación de su función al Consejo de Familia para su ratificación.

d. **Comunicación transparente**

i. Los roles y responsabilidades de los miembros familiares se comunicarán de manera transparente a todos los empleados y se destacará la igualdad de oportunidades.

4.2 Procedimientos para la Incorporación y gestión de sucesiones

4.2.. Incorporación de nuevos miembros
Evaluación y orientación

i. Los nuevos miembros familiares pasarán por un proceso de evaluación objetivo, que incluirá entrevistas y evaluaciones de competencias.

ii. Se proporcionará una orientación exhaustiva sobre la historia, los valores y la visión de la empresa.

Plan de desarrollo individual

i. Cada nuevo miembro familiar tendrá un plan de desarrollo individual, que incluirá capacitación, mentoría y rotación en diferentes áreas de la empresa.

4.2.2. Gestión de sucesiones
a. **Identificación de talentos**

i. La Comisión de Nombramientos y Sucesión será responsable de identificar y desarrollar el talento dentro de la familia para roles de liderazgo.

ii. Se fomentará la participación de expertos externos para asesorar en procesos de sucesión.

b. **Planificación anticipada**

i. La planificación de sucesiones se abordará de manera proactiva, asegurando una transición fluida en caso de cambios inesperados en la dirección.

ii. Los roles críticos tendrán planes de contingencia establecidos.

c. **Equidad y transparencia**

i. Las decisiones de sucesión se tomarán considerando el mérito, la experiencia y las habilidades, garantizando la equidad y transparencia en el proceso.

ii. Se realizarán revisiones regulares de la efectividad de los planes de sucesión.

5. COMUNICACIÓN

- **Normas de comunicación efectiva entre los miembros familiares y en el ámbito empresarial**
- **Procedimientos para la resolución de conflictos**

Sección 5. Comunicación

5.1 Normas de comunicación efectiva

5.... Entre miembros familiares

a. Comunicación abierta

i. Se fomentará una cultura de comunicación abierta y transparente, donde todos los miembros familiares se sientan libres de expresar sus opiniones. Se articularán formas para que se puedan expresar en la Junta familiar y en el Consejo Familiar, cuando el asunto así lo requiera

ii. Se establecerán reuniones regulares para compartir información y discutir asuntos familiares relevantes.

b. Respeto y escucha activa

i. Se espera que todos los miembros familiares se traten con respeto mutuo, escuchando activamente las perspectivas de los demás antes de responder.

ii. La crítica constructiva será promovida, siempre en un tono respetuoso y orientada a la mejora.

c. Comunicación formalizada

i. Las decisiones importantes se comunicarán formalmente por escrito, garantizando que todos los miembros familiares estén informados de manera clara y completa.

ii. Se establecerán canales formales de comunicación para garantizar la difusión efectiva de información relevante.

5.2 Procedimientos para la resolución de conflictos

5.2.1 Entre miembros familiares

a. Escalamiento gradual

i. Los conflictos se abordarán inicialmente a nivel individual y de manera privada.

ii. Si el conflicto persiste, se involucrarán mediadores familiares designados para facilitar la resolución. La designación de estos mediadores debe contar con la recomendación del Consejo de Fundadores y la aprobación del Consejo Familiar. Serán cargos por dos años, renovables por unanimidad en los dos órganos.

b. Reuniones de conciliación

i. Se programarán reuniones de conciliación en las que los miembros involucrados puedan expresar sus preocupaciones y trabajar hacia soluciones mutuamente aceptables.

ii. La mediación externa puede ser solicitada si las reuniones de conciliación no logran una resolución.

ii. La resolución marcada por el mediador familiar tiene carácter vinculante y sólo podrá ser rebatida por unanimidad en el Consejo de Familia tras revisión por los fundadores. En el caso que el consejo apruebe por unanimidad la revisión de la resolución familiar este cesará en el cargo y el caso que ocupe cualquier otra posición en la familia o en la empresa se iniciará un proceso de revisión para su reprobación o aprobación.

6. EDUCACIÓN Y DESARROLLO

- **Programas de educación y desarrollo para los miembros familiares involucrados (o que quieran involucrarse) en la empresa**
- **Fomento del aprendizaje continuo y la adquisición de habilidades relevantes**

Sección 6. Educación y desarrollo

6.1 Programas de educación y desarrollo para candidatos a formar parte de las empresas familiares

6... Identificación de candidatos potenciales
a. **Proceso de selección**

i. Se establecerá un proceso formal para la identificación de candidatos que desee formar parte de las empresas familiares.

ii. Los candidatos serán evaluados en función de su educación, experiencia, habilidades y alineación con los valores familiares y empresariales.

b. **Entrenamiento introductorio**

i. Los candidatos seleccionados participarán en un programa de entrenamiento introductorio para comprender la historia, cultura y operaciones de la empresa.

ii. Este programa sentará las bases para una integración exitosa.

6.1.2 Programas de educación y desarrollo para miembros familiares involucrados

a. **Planificación de carrera personalizada**

i. Cada miembro familiar interesado en involucrarse en la empresa recibirá un plan de carrera personalizado.

ii. El plan incluirá la identificación de habilidades claves, áreas de desarrollo y oportunidades educativas.

b. **Participación en programas externos**

i. Los miembros familiares serán alentados a participar en programas externos de educación ejecutiva, cursos especializados y eventos relevantes para su área de interés.

ii. Se proporcionará apoyo financiero para programas educativos avanzados, siempre que sean validados por la Comisión de Formación y se completen con éxito.

c. **Mentoría especializada**

i. Cada miembro familiar tendrá asignado un mentor especializado en su área de interés o responsabilidad.

ii. La mentoría proporcionará orientación personalizada y facilitará la transferencia de conocimientos.

6.2 Fomento del aprendizaje continuo y adquisición de habilidades

6.2.1 Programas de aprendizaje continua

a. **Revisión periódica de habilidades**

i. Se llevarán a cabo revisiones periódicas de habilidades para todos los miembros familiares involucrados, incluyendo candidatos y aquellos que ya forman parte de la empresa.

ii. Los programas de aprendizaje se ajustarán según las necesidades individuales y empresariales.

b. **Desarrollo de competencias empresariales**

i. Se establecerán programas específicos para el desarrollo de competencias empresariales, incluyendo liderazgo, toma de decisiones estratégicas y gestión de equipos.

ii. Los miembros familiares serán alentados a aplicar estos conocimientos en situaciones prácticas dentro de la empresa.

c. **Incentivos para la adquisición de habilidades**

i. Se ofrecerán incentivos financieros y reconocimientos para aquellos miembros familiares que busquen adquirir habilidades relevantes para su rol y para el crecimiento de la empresa.

ii. El aprendizaje continuo será reconocido y valorado como parte integral del compromiso con la excelencia.

7. PROPIEDAD Y FINANZAS

- **Estructura de propiedad de la empresa familiar. Transmisibilidad de las participaciones, limitaciones y preferencias**
- **Políticas financieras, distribución de beneficios y reinversión en la empresa**

Sección 7. Propiedad y finanzas

7.1 Estructura de propiedad de la empresa familiar

7.1.1 Distribución de participaciones

a. **Participaciones iniciales**

i. La propiedad inicial de la empresa familiar se distribuirá en función de acuerdos previos, considerando la contribución y compromiso de cada miembro fundador.

ii. La documentación legal reflejará la distribución inicial de participaciones.

b. **Transmisibilidad de participaciones**

i. Las participaciones serán transmitibles solo entre miembros familiares, evitando la entrada de inversores externos que puedan comprometer la naturaleza familiar de la empresa. En último caso, se ofrecerán a la empresa si ningún miembro de la familia puede o quiere hacerse con ellas.

ii. La transmisión de participaciones estará sujeta a la aprobación por consenso de los miembros familiares y se regirá por políticas establecidas.

iii. La transmisión siempre seguirá este orden ascendente y descendiente de la misma rama; en el caso de que exista voluntad conjunta dentro de la misma rama familiar de adquirir las acciones, se repartirán de forma proporcional. Si el reparto es fuera de la rama que vende sus acciones y hay varias solicitantes en reparto, se realizará con base en la proporción de acciones que tengan sobre la compañía y su propia rama.

7.1.2 Limitaciones y preferencias

a. **Limitaciones a la decisión**

i. Cualquier decisión empresarial basada en la propiedad de la compañía que pudiera incurrir en la modificación del Consejos de Administración deberá contar con la aprobación por unanimidad del Consejo de Familia.

ii. Cualquier transmisión estará sujeta a evaluación y aprobación para salvaguardar los intereses de la familia y la empresa.

b. **Preferencias en la toma de decisiones**

i. Los miembros fundadores pueden tener preferencias en la toma de decisiones estratégicas y operativas, incluso si hubieran cedido parte de sus participaciones.

ii. Estas preferencias se documentarán y respetarán en la medida en que no vayan en detrimento de los intereses generales de la empresa.

7.2 Políticas financieras, distribución de beneficios y reinversión

7.2. Políticas financieras

a. **Presupuesto y planificación**

i. Se establecerán políticas de presupuesto y planificación financiera para garantizar la estabilidad y crecimiento sostenible de la empresa.

ii. Las decisiones financieras importantes se tomarán en consulta con expertos externos, si es necesario.

b. **Gestión de riesgos**

i. Se implementarán prácticas de gestión de riesgos para identificar y mitigar posibles amenazas financieras.

ii. La diversificación de inversiones y la evaluación periódica de la situación financiera serán prácticas regulares.

7.2.2 Distribución de beneficios y reinversión (fondo de familia)

a. **Distribución de beneficios**

i. Las políticas de distribución de beneficios se establecerán considerando las necesidades individuales de los miembros familiares y la salud financiera de la empresa.

ii. La distribución de beneficios se realizará de manera equitativa y transparente.

b. **Reinversión en la empresa**

i. Una parte significativa de los beneficios se reinvertirá en la empresa para financiar proyectos de crecimiento, innovación y sostenibilidad.

ii. La reinversión se basará en análisis de retorno de inversión y evaluación de oportunidades estratégicas.

8. PLANIFICACIÓN SUCESORIA

- **Estrategias y planificación para la sucesión generacional**
- **Consideraciones emocionales y financieras en la transición**

Sección 8. Planificación sucesoria

8.1 Estrategias y planificación para la sucesión generacional

8.1.1 Identificación de potenciales sucesores

a. **Proceso de evaluación**

i. Se establecerá un proceso formal para identificar y evaluar a los potenciales sucesores dentro de la familia y también de aquellos que no formen parte de esta.

ii. Este proceso considerará habilidades, experiencia, valores familiares y compromiso con la visión a largo plazo de la empresa.

b. **Desarrollo de capacidades**

i. Se implementarán programas de desarrollo de capacidades para preparar a los sucesores potenciales en áreas clave del negocio y liderazgo.

ii. La mentoría y la participación en proyectos estratégicos serán componentes esenciales.

8.1.2 Planificación gradual

a. **Transición progresiva**

i. La transición de liderazgo se llevará a cabo de manera progresiva, permitiendo que los sucesores ganen experiencia gradualmente hasta el momento del cambio. Se establecerá un acompañamiento posterior a ambas partes, con la misión de reforzar y acompañar en sus nuevas atribuciones a ambos.

ii. La planificación temporal asegurará una transición sin contratiempos y minimizará interrupciones en la operación de la empresa y los conflictos que pudieran producirse en la familia.

b. **Involucramiento en decisiones estratégicas**

i. Los sucesores serán gradualmente involucrados en la toma de decisiones estratégicas, preparándolos para asumir roles más prominentes.

ii. La transparencia en la planificación sucesoria se fomentará para mantener la confianza de todos los miembros familiares.

8.2 Consideraciones emocionales y financieras en la transición

8.2.1 Diálogo familiar

a. **Facilitación de conversaciones**

i. Se designará un facilitador externo para ayudar en las conversaciones familiares sobre la planificación sucesoria.

ii. El facilitador asegurará un diálogo abierto y honesto, abordando inquietudes emocionales y expectativas.

b. **Gestión de conflictos**

i. Se establecerán procedimientos claros para la gestión de conflictos durante la transición sucesoria.

ii. La intervención temprana y la mediación serán utilizadas para resolver disputas familiares de manera constructiva.

8.2.2 Consideraciones financieras

a. **Evaluación del impacto financiero**

i. Se realizará una evaluación exhaustiva del impacto financiero de la transición sucesoria en la empresa y en los miembros familiares involucrados.

ii. Se buscarán soluciones financieras que aseguren la estabilidad y continuidad del negocio.

b. **Planificación patrimonial**

i. Se implementará una planificación patrimonial para asegurar la distribución equitativa de activos entre los miembros familiares.

ii. La minimización de posibles impuestos y la protección del patrimonio serán objetivos clave.

9. CONFIDENCIALIDAD

- **Normas de confidencialidad sobre asuntos familiares y empresariales**
- **Protección de la privacidad de los miembros familiares**

Sección 9. Confidencialidad

9.1 Normas de confidencialidad sobre asuntos familiares y empresariales

9.1.1 Alcance de la confidencialidad
 a. **Asuntos familiares**
 i. Se establecerán normas estrictas de confidencialidad respecto a asuntos familiares que no estén destinados a ser compartidos fuera del círculo familiar.
 ii. La privacidad de las relaciones familiares se considerará fundamental para mantener la armonía y la confianza.
 b. **Asuntos empresariales**
 i. La confidencialidad también se aplicará a información estratégica y financiera de la empresa.
 ii. Los miembros familiares se comprometerán a no divulgar información confidencial a terceros no autorizados.
 9.1.2 Procedimientos de gestión de información confidencial
 a. **Acceso restringido**
 i. Se establecerán niveles de acceso a la información, garantizando que solo tengan acceso a datos confidenciales aquellos que necesiten saber.
 ii. El acceso se revisará periódicamente para garantizar la necesidad continua.
 b. **Protección de documentos**

i. Los documentos físicos y electrónicos que contengan información confidencial se protegerán mediante medidas de seguridad adecuadas.

ii. Se fomentará la conciencia sobre la importancia de la seguridad de la información.

9.2 Protección de la privacidad de los miembros familiares

9.2. Información personal

a. Privacidad financiera

i. La información financiera personal de los miembros familiares se considerará confidencial y no será compartida sin consentimiento expreso.

ii. Las revisiones financieras se realizarán de manera discreta y solo cuando sea necesario.

b. Asuntos personales

i. Los asuntos personales de los miembros familiares se tratarán con respeto y discreción.

ii. La comunicación respetará los límites individuales de privacidad.

10. DISPOSICIONES LEGALES

- **Cumplimiento de las leyes y regulaciones relevantes**
- **Documentación legal relacionada con la empresa y la familia**

Sección 10. Disposiciones legales

10.1 Cumplimiento de las leyes y regulaciones relevantes

10.1 Compromiso con el cumplimiento
a. **Identificación y seguimiento**

i. La familia y la empresa se comprometen a identificar y seguir todas las leyes y regulaciones relevantes que afecten a la operación del negocio y las relaciones familiares.

ii. Se asignarán responsabilidades específicas para el monitoreo continuo del cumplimiento.

b. **Capacitación en cumplimiento**

i. Se proporcionará capacitación regular a los miembros familiares y empleados sobre las leyes y regulaciones que afectan a la empresa.

ii. La formación asegurará la comprensión y el cumplimiento de las normativas vigentes.

10.2 Documentación legal relacionada con la empresa y la familia

10.2 Mantenimiento de documentación
a. **Documentación empresarial**

i. Se mantendrá una documentación completa y precisa relacionada con la empresa, incluyendo acuerdos legales, contratos y registros financieros.

ii. La documentación facilitará auditorías y demostrará el cumplimiento normativo.

b. **Documentación familiar**

i. También se mantendrá documentación legal relacionada con asuntos familiares, como acuerdos de propiedad y disposiciones sucesorias.

ii. Esta documentación respaldará la planificación y transparencia en asuntos familiares.

Ejemplo de la sección

Agenda del Consejo Familiar

- Horario 10:00–14:00
- Asistentes externos:
  - ▷ D. XXXX (asesor)
  - ▷ D. XXXX (Ejecutivo)
  - ▷ ....
- Asistentes internos:
  - ▷ XXXXXX (Comisión de Formación)
  - ▷ XXXXXXX (familiar)
  - ▷ ....
- Orden del día:

Sesión ejecutiva 10:00—12:00

10:00—11:00 Presentación del nuevo plan de formación (aprobación).

Presenta la propuesta XXXX, miembro de la Comisión de Formación, con la colaboración de D. XXX, asesor externo.

Solicita turno de intervención XXXXX, familiar sin cargo.

Exposición: 20 min.

Intervención: XXXXX 10 min.

Discusión: 20 min.

Ajustes o modificaciones sobre propuesta: 5 min.

Aprobación: 5 min.

11:00 –12:00. Se desarrollarían todos los puntos en la línea del anterior.

DESCANSO 12:00—12:10 (recomiendo su inclusión para separar sesiones y facilitar dinámicas).

Sesión informativa.

12:10—13:10. Evolución y estado de los negocios en referencia al plan estratégico.

Presenta D. XXXXX, ejecutivo, con base en la presentación aprobada en la sesión anterior y en referencia al plan estratégico del periodo XXX—XXXX.

Shhh, ejecutivo, director...
Ven aquí, escúchame

Hemos hablado por todo este manuscrito de las relaciones de la familia, cómo la cohesión familiar la defensa, la vivencia de los valores y el legado ayuda en su desarrollo y continuidad. Sin embargo, dentro de la empresa, o quizá en la propia familia, habrá trabajadores[244] que no serán familiares (probablemente, tú seas uno de ellos, si estás leyendo esto).

Para ellos, para vosotros, para mí, me permito compartir dos frases que he escuchado y que pueden ser de ayuda para entender cuál es su peso y situación real, por muy próximos que se sientan a la familia. Aquí el techo de cristal no se rompe ni por el trabajo ni por los resultados, ni tampoco por el compromiso o la lealtad. Es cierto que todo eso ayudará a ser parte del proyecto, pero nunca se debe perder de vista que lo verdaderamente esencial es la familia, su cohesión, su legado y sus valores.

---

[244] Serán trabajadores, ocupen el puesto que ocupen: desde un simple chofer al CEO de la compañía, siempre que no sean familiares.

Recordad estos dos pequeños consejos:

«Las batallas serán vuestras, pero suyas son las victorias»

«Cuando los elefantes bailan, los que salen aplastados son los ratones»

Os los dejo aquí para que penséis en ellos y cada uno pueda darle su propia vivencia.

CONVERSACIONES

FAMILIA PALOTE

Permítanme presentar al variopinto elenco que compone la Familia Palote. A algunos de ellos los conozco bien, a otros apenas los he visto pasar. Cualquier parecido con la realidad o con alguna persona en particular es pura coincidencia, aunque cada uno de ellos encarna una mezcla única de caracteres. Sin embargo, como en toda familia, cada individuo tiene sus luces y sombras

Luz
En lo alto de la colina, la majestuosa mansión Palote se erige como un refugio de amor y conexión, en la que la Familia Palote

se une en una sinfonía de vínculos profundos y afectuosos, tejidos a lo largo de generaciones.

Don Pedro, el patriarca, irradia sabiduría y nobleza, guiando con mano firme pero amorosa a su amada familia. Su esposa, doña María, es el corazón latente y silencioso de la casa.

Marta, la primogénita, es la esencia misma del liderazgo y la responsabilidad, llevando consigo el legado de la familia con gracia y determinación. Juan, su esposo, es su fiel compañero, un apoyo inquebrantable que comparte su visión y sus sueños.

Javier, el hijo artístico y soñador, trae consigo un espíritu libre y creativo que ilumina cada rincón de la casa con su imaginación desbordante. Esperanza, su esposa, es la roca sobre la que se sostiene, una presencia serena y reconfortante que aporta estabilidad y calma a la familia.

Ana y Carlos, los mellizos traviesos y juguetones, son la alegría encarnada, llenando la mansión con risas y travesuras. Sus parejas, Andrés y Diego, son parte integral de la familia, compartiendo en su felicidad y contribuyendo con su amor y apoyo.

Sara, la benjamina de 36 años, brilla con una luz propia, irradiando bondad y ternura a su alrededor. Su prometido, Pedro, es su ancla, un faro de fuerza y seguridad que la guía con amor y protección.

Ricardo, el hijo adoptivo de don Pedro, es una bendición para la familia, aportando una perspectiva única y un corazón lleno de gratitud y amor.

Laura, la hija de Javier y Esperanza, es un rayo de luz en la vida de la familia, con su dulzura y su alegría contagiosa.

Raúl, hijo de Marta, es un joven valiente y decidido, comprometido a seguir los pasos de su madre y llevar el legado de la Familia Palote hacia nuevos horizontes de éxito y prosperidad.

En los rincones más acogedores de la casa, la tía abuela Paca y el tío Rogelio aportan una dosis extra de amor y sabiduría, siendo pilares de apoyo y guía para toda la familia.

En esta casa de amor y unidad, cada miembro de la Familia Palote encuentra su lugar, nutriéndose unos a otros con su amor y compromiso, y construyendo juntos un futuro lleno de promesas y bendiciones.

Mientras siguen respetando el legado familiar y haciendo crecer la empresa que lleva su nombre cuidando de todos sus trabajadores, no dejarán de ser una gran familia.

Sombra

En lo alto de la colina, la sombría mansión Palote se alza como un bastión de intrigas y manipulaciones, en la que la Familia Palote se enreda en una maraña de relaciones turbias y resentimientos acumulados a lo largo de las generaciones.

Don Pedro, el patriarca, es una figura dominante y controladora que gobierna con puño de hierro a su amada familia. Su esposa, doña María, es una presencia apagada.

Marta, la primogénita, es una líder implacable, dispuesta a cualquier cosa para proteger su posición en la familia. Juan, su esposo, es un cómplice silencioso, alimentando las llamas de la ambición y la codicia.

Javier, el hijo artístico y soñador, es un alma perdida en un mar de oscuros deseos y secretos inconfesables. Esperanza, su esposa, es una figura enigmática, ocultando su verdadera naturaleza detrás de una máscara de serenidad y calma.

Ana y Carlos, los mellizos maquiavélicos, esperan su momento. Son maestros en el arte de la manipulación y la traición, tramando intrigas y conspiraciones en cada esquina de la mansión. Sus parejas, Andrés y Diego, son simples peones en su juego retorcido, atrapados en una red de mentiras y engaños.

Sara, la benjamina, es una víctima de las maquinaciones de sus hermanos, atrapada en un mundo de dolor y sufrimiento. Su prometido, Pedro, es su única esperanza de escape, un faro de luz en la oscuridad que la rodea.

Ricardo, el hijo adoptivo, lucha por encontrar su lugar en una familia que nunca lo ha aceptado por completo.

En los rincones más oscuros de la mansión, la tía abuela Paca observa en silencio, guardando los secretos que podrían destruir a la familia si salieran a la luz. Y el tío Rogelio, con su sonrisa burlona y sus ojos chispeantes, sabe más de lo que está dispuesto a decir.

Laura, la hija de Javier y Esperanza, navega por las tensiones familiares con gracia y diplomacia.

Raúl, el hijo de Marta, se siente cada vez más atraído por las promesas de poder y riqueza que su madre le ofrece.

En esta casa de engaños y traiciones, cada miembro de la Familia Palote lucha por su propio interés, sacrificando lazos familiares en su búsqueda insaciable de poder y riqueza. Mientras la empresa familiar crece, también lo hacen las sombras que la rodean, amenazando con consumirlos a todos en su oscura vorágine.

1. INTRODUCCIÓN DEL PROTOCOLO

Como era costumbre, una vez por semana antes de salir a hacer unos hoyos, don Pedro se cita para el desayuno con Marta y Javier, con la intención de comentar temas de la empresa y la familia. Esta vez, don Pedro tiene una idea concreta en mente.

Don Pedro, haciendo uso de su tono de voz autoritaria que tan bien conocen sus hijos, les trasmite sin decirlo la importancia y relevancia de lo que va a decir.

—Bueno, hijos, hoy quiero discutir un asunto importante. Como saben, nuestra familia ha crecido mucho en los últimos años, ya somos muchos, no nos vemos tanto como deberíamos... —la voz le tembló, pero casi sin que se notara volvió al tono autoritario—. Siento que es hora de establecer algunas reglas claras para preservar nuestro legado y nuestros valores como familia empresarial.

Marta miró a los ojos de su padre: los vio fríos, conocía esa mirada, no había discusión real, solo les estaba informando, sabía qué debía hacer. Con una voz templada, elegante pero con plena determinación, apoyó a su padre

—Estoy de acuerdo, papá. Creo que un protocolo familiar podría ser beneficioso para todos nosotros. Nos ayudaría a mantenernos enfocados en nuestros objetivos comunes y a evitar conflictos innecesarios en el futuro.

Javier escuchaba a su padre y su hermana como tantas otras veces. «¿Más papeles?, ¿para qué?», pensó. La familia debía fluir, el amor y la lealtad no se encierran en papel y tinta. Con escepticismo, contestó:

—No estoy tan seguro, papá. ¿Realmente necesitamos un protocolo para decirnos cómo comportarnos entre nosotros?

Creo que deberíamos confiar en nuestra intuición y en nuestro sentido común para resolver cualquier problema que surja.

Marta sonrió en su cabeza, Javier no era rival. Sin Esperanza cerca, no sabía leer entre líneas y esperó a lo que sabía que iba a suceder. Don Pedro centró su mirada en Javier y, sin forzar el tono, con firmeza le contestó:

—Javier, entiendo tu punto de vista, pero creo que es importante tener pautas claras para garantizar que todos estemos en la misma página. Un protocolo nos brindaría un marco sólido para tomar decisiones importantes y proteger nuestros intereses, como familia y como empresa.

Marta disfrutaba con cada palabra que salía de boca de su padre; como siempre, seguía concentrada y vio la oportunidad que había esperado, no la desaprovecharía:

—Además, un protocolo podría ayudarnos a planificar la sucesión y la transición de liderazgo de manera más efectiva. Nos daría la oportunidad de establecer criterios claros para la selección de futuros líderes y aseguraría una transición suave y ordenada... cuando llegue el momento.

Don pedro asintió, miró de nuevo a Javier esperando su respuesta. Javier analizaba lo más rápido que podía que había sucedido: ¿cómo era que se había hablado de los valores y de preservar el legado... y Marta había terminado hablando de la sucesión de papá? Se acordó de las palabras de su mujer Esperanza y reaccionó:

—Supongo que tenéis razón, papá y Marta. Tal vez un protocolo no sea una mala idea después de todo. Podría proporcionarnos una estructura sólida sobre la cual construir nuestro futuro como familia empresarial.

Don Pedro, ya con una amplia sonrisa, dio el último sorbo a su café y, levantándose de la mesa para dirigirse al campo, añadió:

—Me alegra que estemos de acuerdo en esto, hijos. Creo que es importante que trabajemos juntos para proteger lo que hemos construido como familia. Un protocolo familiar nos ayudará a mantenernos unidos y a garantizar que nuestros valores perduren a lo largo de las generaciones.

Marta se levantó para despedirse de su padre y, tras darle un beso en la mejilla, asintió.

—Totalmente de acuerdo, papá. Haré todo lo posible para que este protocolo refleje verdaderamente los valores y la visión de nuestra familia.

Javier, ya de pie enfrente de ellos con su mejor sonrisa, cerró la conversación:

—Yo también, papá. Creo que esta es una decisión sabia y necesaria para el futuro de nuestra familia empresarial.

El desayuno termina y cada participante sigue su camino, parece que existe un sentido de unidad y propósito, con don Pedro sintiéndose satisfecho por haber tomado la decisión de implementar un protocolo familiar que preserve el legado y los valores de la Familia Palote. Se siente bien al contar con el apoyo sincero de sus dos hijos mayores.

Sin embargo, en el fondo, cada personaje tiene sus propios intereses ocultos: don Pedro quiere asegurar su legado y control sobre la empresa, Marta busca mantener su influencia y poder dentro de la familia, esperando ser nombrada ya de forma oficial e irrevocable sustituta de su padre; Javier, aunque inicialmente escéptico al verse perdido, ve la oportunidad de utilizar el protocolo para asegurar su posición y proteger sus intereses en el futuro. Tendrá que hablar con Esperanza.... Y el resto de la familia, ¿qué piensa?

2. VALORES

El hermano de don Pedro, Rogelio, siempre estaba dispuesto a una buena comida, y más si esta se acompañaba con un vino de Burdeos o un Rioja en caso de estar hablando de algo serio, aunque también podría admitir un Toro.

En este caso daba igual: ir a casa de la tía abuela Paca aseguraba, fuera la hora que fuera o el día que fuera, que tendría un ágape digno de un rey.

Paca, pequeña de tamaño, pero de porte regio, ya entrada en años con cabellos de argento y la piel llena de todas las carreteras que había recorrido en su larga vida, siempre sabía cómo cuidar a sus invitados. Para ella, todos los miembros de la familia, siempre y en todo momento, eran sus invitados. Hermana del padre fallecido de don Pedro y Rogelio, siempre había estado con ellos.

Tras sentarse en el jardín de la casa, que tenía unas vistas privilegiadas a la ciudad, iniciaron una comida en la que hablaron de todo: política, recuerdos, amigos, familiares... En un momento, dado Rogelio, sin tenerlo preparado, con su habitual desparpajo y despreocupación, con un tono algo sarcástico, habló sobre lo que estaba haciendo su hermano.

—Tía abuela, ¿has oído hablar de este protocolo que está preparando mi hermano? ¿Qué se supone que es eso?

Paca adoraba a Rogelio, aquella mente ágil, aguda, pero totalmente despistada le recordaba mucho a una parte de su hermano. Le contestó con calma.

—Sí, Rogelio, he oído algo al respecto. Parece que es un documento que recogerá las reglas y los valores de nuestra la familia y de la empresa.

Con su habitual inteligencia, para quitarle importancia añadió:

—Supongo que Pedro piensa que nos hacemos mayores y que no siempre estaremos aquí para recordárselo a los jóvenes.

Rogelio, sin saber por qué no le había convencido la respuesta ni lo que estaba haciendo su hermano, arrugando su frente (algo que siempre hacía desde pequeño cuando no entendía algo), contestó a su tía abuela.

—¿Y por qué solo están hablando de él mi hermano, Marta y Javier? ¿Acaso el resto de la familia no tiene voz en esto?, no sé, quizá tanto tú, como el resto de los hijos de Pedro... o ¡yo mismo! Tenemos algo que decir, ¿no?

Paca dio un sorbo de su vaso; Pedro, la otra parte de su hermano, todo lo sabía, todo lo hacía, todavía le quedaba tanto por aprender. No pasaba nada que no hubiera hecho antes con su hermano, el padre de Pedrito y Rogelio; de hecho, llevaba haciéndolo toda su vida: rellenaría el hueco, así que no le costó seguir la conversación:

—No lo sé, Rogelio. Parece que están tomando las decisiones por su cuenta, pero creo que es importante que todos en la familia tengan la oportunidad de expresar sus opiniones y valores.

Rogelio asintió mientras apuraba su vino.

—Exactamente. No deberían decidir todo por sí mismos. Nosotros tenemos derecho a ser escuchados también. —Con una sonrisa embaucadora, miró a su tía abuela. Ambos sabían que significaba. Sin más, siguieron hablando de la próxima floración de rosas del jardín.

La tía abuela Paca siempre disfrutaba de estar en su ciudad; con el paso de los años, la capital le parecía demasiado bulliciosa y sucia, así cada vez iba menos. Sin embargo, tras repasar su agenda, vio que quedaba todavía mucho tiempo para la próxima reunión en su finca, así que tendría que moverse. Con cierta pereza, pero con la determinación de la experiencia, partió a la capital y avisó a su sobrino.

—Pedrito, ¿te molesto?

Don Pedro siempre le cogía el teléfono, sentía respeto, incluso amor materno por su tía abuela Paca. Aun con su agenda y en miedo de una reunión, le contestó

—Tía abuela, nunca molestas, ya lo sabes. ¿Qué puedo hacer por ti?

—Nada, que subo a la capital un par de días y me preguntaba si podría darle un abrazo a mi sobrino.

Don Pedro tenía la agenda llena, incluso un viaje ese fin de semana, pero sin dudar la invitó a comer en su restaurante preferido.

Días después, don Pedro y la tía abuela Paca disfrutaban en el restaurante preferido de esta en la capital de una agradable y amigable comida; cualquiera que los viera desde fuera podría pensar que eran madre e hijo.

Llegado el momento oportuno, la tía abuela Paca, con su tono más dulce y sin darle la menor importancia, introdujo el tema del que quería hablar con su sobrino.

—Pedrito, estás siempre muy ocupado, ya apenas vienes al sur, se echa de menos que estés por allí... ¿cuánto tiempo hace que no quedas con los seis para haceros una escapada? No deberías descuidar a tus pequeños, te necesitan.

«¿Pequeños?», pensó Pedro. Si Sara, que era la pequeña, ya tenía 36 años y él mismo estaba en los 63. Él, a su edad, apenas si veía a su padre, estaba montando lo que ahora disfrutaban.

—Los pequeños, como tú los llamas, están bien —dijo con cariño—. Cada uno tiene sus cosas, pero no se pueden quejar. Yo me he ocupado de ellos siempre y lo sigo haciendo. Pero sabes que tengo que hacerme cargo de todas nuestras cosas y marcar qué será el futuro. Y eso requiere mi tiempo y dedicación —contesto don pedro con la mayor calma que pudo, no estaba acostumbrado a que nadie le hiciera reproches o criticara su forma de actuar. Pero la tía abuela Paca era la tía abuela Paca.

—EL futuro —dijo distraída la tía abuela Paca—, ¿podemos hablar de él? Estoy segura de que ya lo tienes decidido y marcado para todos, incluso para mi —añadió con un tono algo burlón—. Pero, aunque te sorprenda, todos tenemos una opinión y una forma de entender el futuro, me refiero a la familia y la empresa. —Tras un pequeño silencio, añadió—: Cuéntame de ese futuro, lo marcarás por escrito, nos dejarás un protocolo de buen comportamiento... Si es así, toda la familia querría hablar contigo —añadió con la finura que dan los años. diciendo todo sin haber dicho nada.

Don Pedro, sorprendido, no sabía a qué veía todo eso, ya que siempre la tía abuela estaba al corriente de todo y decía lo que quería, cómo y cuándo quería. Le contestó frunciendo el ceño:

—¿Qué hay que hablar, Paca? Ese documento, como todo lo demás, es asunto mío. Yo soy la cabeza de la familia y de la empresa. ¿Por qué debería involucrar a los demás?

La tía abuela Paca, con la ternura de un cariño sincero, mirando a don Pedro, no viendo al hombre curtido por el paso de 63 inviernos, sino al pequeñajo de pantalón corto y tirachinas que guardaba en su memoria, lo acarició con ternura en la cara... pero pronunció con firmeza con cada una de sus palabras

—Pedrito, entiendo que sientas que eres el líder, pero los valores de la Familia Palote no son solo tuyos. Todos en la familia contribuyen a esos valores y todos deberían tener la oportunidad de expresar sus ideas y preocupaciones. Si no es así, tendrás algo que no representará a la familia, ni los cuidará en el futuro, que sé es lo que quieres.

Don Pedro, pausado, sorprendido por la claridad de la anciana, enfadado por estar siendo reprendido como un niño chico que ha dejado sin jugar a sus amigos e indignado consigo mismo por no haber visto aquello venir, suspiró.

Aquella mujer siempre le ganaría por la mano, era una suerte que fuera de la familia y que siempre estuviera con él, de modo que le contestó sumiso y obediente:

—Supongo que tienes razón. No había considerado eso. Quizás debería hablar con los demás miembros de la familia antes de tomar decisiones finales sobre el protocolo.

La tía abuela Paca, tras oír aquello, desplegó la mejor de sus sonrisas y acarició la mano de don Pedro

—Me alegra que estemos de acuerdo, Pedrito. Creo que es importante que todos trabajemos juntos para preservar los valores de nuestra familia. Yo no creo que vaya a poder cuidaros mucho más y tú, quieras que no, también terminarás yéndote, pero los Palote deben seguir tras nosotros.

La comida continuó con temas mucho más banales, recordando anécdotas de la familia.

Don Pedro se marcha reflexionando sobre la importancia de incluir a toda la familia en la elaboración del protocolo, reconociendo que su perspectiva no es la única válida y agradeciendo en su interior a la tía Abuela Paca por su consejo. Así, en silencio, se compromete a consultar a los demás miembros de la familia antes de tomar decisiones finales.

3. GOBIERNO Y TOMA DE DECISIONES

En el salón de su casa, Marta daba vueltas a todo lo que se estaba moviendo en la empresa de la familia Palote. Tras hablar con abogados por su cuenta, había detectado un punto fundamental en el documento que estaba preparando su padre. Necesitaba hablarlo con su marido y que entre ambos encontraran la forma de hacer lo que se tenía que hacer.

Marta, tras introducir a Juan sus conversaciones *off the record* con los abogados, expresó su preocupación:

—Juan, tenemos que ser muy cuidadosos con el punto del Gobierno y la toma de decisiones en el protocolo familiar. Necesitamos asegurarnos de que el control de la empresa quede en manos de quienes realmente saben cómo dirigirla: nosotros.

Juan no se sorprendió ni del tono ni de la energía; conocía a Marta desde hacía muchos años y siempre supo que se casó con la empresa antes que con él. En cierto modo, compartía su preocupación, pero estaba cansado de las batallas abiertas con sus hermanos: había que encontrar otro camino.

—Entiendo tu punto, Marta, pero debemos ser justos con todos los miembros de la familia. No podemos excluir a tus hermanos de la toma de decisiones.

«Excluirlos», pensó Marta, «pero si solo aparecen cuando hay dinero que repartir». Se tranquilizó un segundo y vio el punto de su marido: no había que plantear un enfrentamiento, como hizo Juan cuando su padre les comentó lo que tenía en mente; había que ser más sibilinos.

—No estoy hablando de excluirlos, Juan. Estoy hablando de asegurar que las decisiones importantes estén en manos competentes. Necesitamos un mecanismo que nos permita tomar el control... sin que se den cuenta.

Juan asintió; Marta no iba a permitir que, cuando su padre no estuviera, decidiera alguien que no fuera ella. Aun así, le insistió:

—Lo entiendo, pero debemos encontrar un equilibrio. No podemos ser demasiado agresivos en nuestras propuestas.

Marta perdía la paciencia con Juan; a veces pensaba que tenía horchata en las venas. «Menos mal que Raúl tenía su sangre», pensó.

—No se trata de ser agresivos, Juan. Se trata de ser decididos y proteger el futuro de nuestra empresa y nuestro hijo Raúl. Necesitamos asegurar su posición y su influencia en las futuras decisiones y generaciones.

Juan tiró un último intento: sabía que, si insistía más, lo único que conseguiría sería enfadar a Marta.

—Estoy de acuerdo en que debemos proteger a Raúl y asegurar su futuro en la empresa, pero debemos hacerlo de una manera que no cause divisiones irreparables en la familia.

Marta no entendía a Juan: divisiones en la familia... ¡si ya estaban divididos! El único motivo por el que aquello no saltaba por los aires era su padre y el poder que tenía. Y ese poder tenía que ser para ella.

—Juan, ¿estás conmigo en esto? —preguntó de forma seca.

Juan sabía que la conversación había acabado y cedió... pero dejando caer una última bala.

—Estoy contigo, Marta, pero intentemos encontrar una manera de lograr nuestros objetivos sin alienar a la familia.

Mientras, en otro lugar y otro momento, Javier hablaba con su mujer, Esperanza, de todo lo que se estaba moviendo y de cómo su padre quería organizar un protocolo.

Esperanza, como siempre, escuchaba a su marido con cariño y dedicación, pero veía partes que Javier era incapaz siquiera de intuir. Ella no era Palote de apellido, pero sentía mucho más el legado y los valores de la familia que muchos miembros de sangre.

Y vio que debía de nuevo ayudar a su marido y, sobre todo, a la familia.

—Javier, he estado reflexionando sobre la situación actual de tu familia y el motivo que ha llevado a tu padre a empezar este proceso. Creo que es esencial que aprovechéis este momento para establecer un modelo de gobierno que promueva la inclusión y la participación de todos los miembros, no solo de Marta y de ti, junto con vuestro padre.

Javier bebía cada palabra de Esperanza, la adoraba y la consideraba más lista y preparada para los negocios que él.

—Tienes razón, Esperanza. La actitud de Marta ya está causando divisiones en la familia y además solo consigue la distancia entre los hermanos, por no mencionar la que ya hay con Ricardo. Necesitamos encontrar una manera de equilibrar el poder y asegurarnos de que todos, incluidos Ana, Carlos, Sara y también Ricardo, tengan voz en las decisiones importantes.

Esperanza asintió, su marido tenía muchas veces, por no decir siempre, más corazón que colmillo, y lo amaba por eso.

—Exactamente. Ricardo, aunque adoptado, ha estado con la familia durante años y ha demostrado su lealtad y compromiso. Debería ser tratado como uno más de los hermanos Palote. Por mucho que le pese a alguna de tus hermanas —añadió esta última frase con cierto retintín, algo que Javier le permitió.

Y se notó su complicidad en la respuesta.

—Estoy de acuerdo. Ricardo ha sido parte integral de nuestra familia y empresa. Ana y Carlos, por otro lado, necesitan asumir más responsabilidades y estar más involucrados en la toma de decisiones. Quizá no en el día a día, pero sí como dueños responsables.

Esperanza estaba de acuerdo con Javier, pero vio que dejaba fuera a la pobre Sara, la pequeña, no por voluntad de excluirla, sino por protegerla de las intrigas de Marta. Así que no pudo hacer otra cosa que recordárselo con cariño.

—Y Sara, siendo la más joven, también necesita ser guiada y apoyada para que pueda crecer y desarrollarse tanto en la familia como en la empresa.

—Precisamente —afirmó Javier, para añadir con voz algo más seria—. En cuanto a Marta, su deseo de controlar todo es evidente. Debemos encontrar una forma de abordar esto, de forma que no cause más conflictos en la familia.

—Estoy de acuerdo, Javier —contestó Esperanza para luego añadir con complicidad—. Y otra vez nos toca trabajar juntos para encontrar un equilibrio que refleje los valores de tu familia y permita que todos contribuyan al éxito de la empresa. Y evitar los abusos de unos hermanos sobre otros.

4. ROLES Y RESPONSABILIDADES

Raúl se encontraba sentado en la terraza del club de campo tomando unas cervezas y sumido en sus pensamientos, mientras observaba la imponente vista de los rascacielos de la ciudad al fondo del paisaje. Llevaba años queriendo incorporarse como ejecutivo en los negocios familiares, pero no había sido posible, por edad o por intervención de alguno de sus tíos.

Ahora que el abuelo había decidido elaborar un protocolo familiar, en el que se definirían los requisitos para la incorporación de los miembros de la familia a la empresa, Raúl se sentía aún más presionado para tomar una decisión. Nunca había querido estudiar, para qué hacerlo, tampoco trabajar para otros se le antojaba necesario. Parecía que algunos familiares creían que esos requisitos eran necesarios para trabajar en la empresa de la familia.

«Absurdo», pensó para sí: él era un Palote, ¿qué más se necesitaba?, estaba destinado a mandar y dirigir.

Aun con ese profundo deseo de formar parte del legado familiar, Raúl se sentía dividido. Por un lado, la idea de trabajar codo a codo con su abuelo don Pedro le emocionaba y le ofrecía una sensación de propósito. Por otro lado, le aterraba: también era consciente de las enormes responsabilidades y expectativas que recaerían sobre él, de modo que se preguntaba si estaría a la altura de las circunstancias.

Después estaba su madre, Marta. Ella era una líder ejecutiva destacada, después de su abuelo quizás quien más poder tenía; si no estuviera su tío Javier; «qué estorbo de persona», pensó. Raúl admiraba la determinación y habilidad para tomar decisiones de su madre. Sin embargo, también sentía un profundo respeto, mezclado con miedo y envidia. La influencia de Marta en la empresa y su relación con don Pedro despertaban en Raúl ciertas reservas y dudas sobre cómo sería trabajar bajo su dirección.

Al pensar en su familia extendida, Raúl no podía evitar sentir desprecio por ciertos miembros. Su prima Laura, con su actitud superficial y falta de ambición, era un constante recordatorio de lo que él consideraba una debilidad en la familia. Sus tíos Ana, Carlos y Sara tampoco escapaban de su desdén. En particular, su tío Javier, a quien veía como un obstáculo en su camino hacia el progreso y el éxito. Raúl sentía que Javier carecía de la visión y la audacia necesarias para llevar la empresa al siguiente nivel, lo que le frustraba profundamente.

Por último, la idea de tener que responder ante ejecutivos no familiares le resultaba insoportable. Raúl sentía que nadie externo a la familia podría entender verdaderamente el legado y los valores que los Palote habían cultivado a lo largo de los años. La idea de que estos ejecutivos pudieran darle órdenes o cuestionar sus decisiones le resultaba inaceptable, alimentando su desprecio hacia ellos.

En medio de estos pensamientos y emociones encontradas, Raúl se dio cuenta de que necesitaba controlar esa parte del documento, asegurar su entrada y posición en la compañía. Su abuelo no duraría eternamente y su madre, junto con él, apartarían a Javier.

Dio un último sorbo a su cerveza y llamó por teléfono.

—Mamá, tenemos que hablar.

Laura, la hija de Javier y Esperanza, destacaba por su personalidad serena y su profundo amor por el arte y la naturaleza. A diferencia de otros miembros de la familia Palote, ella no buscaba el brillo y la prominencia en el mundo empresarial, sino que encontraba su felicidad en la exploración de la creatividad y la belleza que el mundo tiene para ofrecer.

Por eso para ella todo este tema del protocolo que le comentó su padre y su madre de inicio le pareció poco interesante, pero no por eso no iba a dejar de darle una vuelta, como le pidieron cariñosamente sus padres. Siempre le habían respetado que no se interesara por los temas de la empresa, incluso de la familia fuera de ellos dos, así que si ellos se lo pedían, debía ser importante para ellos. Por eso mismo, mientras paseaba por la montaña, dejaba vagar su mente en lo que le habían comentado

Al pensar en la empresa siempre le venía la misma idea: humanizar la empresa y la dinámica familiar. Sentía que era esencial fomentar un ambiente de apoyo, comprensión y empatía, donde cada miembro se sintiera valorado y escuchado. Esto no solo mejoraría la moral y el bienestar de los empleados, sino que también fortalecería los lazos familiares y promovería una cultura de colaboración y unidad.

Aunque se mantenía al margen, estaba preocupada por la ambición desmedida de algunos miembros de la familia, en particular la de su primo Raúl, y los continuos ataques de su tía Marta a su padre, Javier. Veía estas dinámicas como obstáculos que podían socavar la estabilidad y el éxito de la empresa y la unidad familiar.

Así las cosas, empezó a pensar que el protocolo familiar podía o debía abordar estas cuestiones y establecer un marco para gestionar y mitigar los conflictos internos de manera constructiva.

Así, se acordó de nuevo de su primo Raúl y sintió que era fundamental establecer requisitos claros para la incorporación a la empresa, asegurando que los miembros de la familia estuvieran alineados con los valores y la visión de la compañía. Esto no solo garantizaría la calidad y la integridad del trabajo realizado, sino que también contribuiría a mantener la cohesión y la armonía dentro de la familia.

En cuanto a las responsabilidades, Laura creía que cada miembro de la familia que decidiera entrar en la empresa debería estar dispuesto a asumir un compromiso genuino con sus funciones y responsabilidades. Deberían demostrar su valía y contribuir de manera significativa al crecimiento y éxito de la empresa, demostrando dedicación, ética de trabajo y respeto hacia sus colegas y empleados. Algo que su madre llevaba haciendo toda la vida sin que nadie le dé siquiera las gracias.

Con eso en mente, se dio cuenta de que también había la necesidad de establecer un proceso justo y transparente para las promociones y sucesiones dentro de la empresa. Esto garantizaría que los individuos más capacitados y comprometidos fueran reconocidos y ascendidos, independientemente de las conexiones familiares. Además, promovería un ambiente de competencia saludable y motivaría a los empleados a esforzarse por alcanzar la excelencia en sus roles.

Así, Laura identificó una oportunidad invaluable para reconocer, promover y potenciar a su madre, Esperanza, dentro de la empresa familiar. Reconocer su trabajo incansable, la inteligencia y la lealtad es esencial. Cree que su experiencia y habilidades son fundamentales para el éxito continuo de la empresa.

Laura se hizo a la idea que el protocolo familiar debía formalizar el papel de Esperanza y asegurar que se le diera el reconocimiento y la oportunidad que merecía en la organización.

Laura sonrió al ver a una ardilla cruzar el sendero y trepar a un árbol. Volvió a ser consciente de la naturaleza que le rodeaba, suspiró y tomó una gran bocanada de aire, se acercó al árbol que acaba de subir la ardilla y lo abrazó.

—Gracias.

Estaba segura de que Gaia la había guiado en su reflexión.

Sin prisa, con calma, saca el teléfono de su mochila y le envía un mensaje a su padre: «Papá, quiero participar, gracias».

5. COMUNICACIÓN

Ricardo se encontraba en su piso, que quedaba cerca de la urbanización donde estaban las casas de los miembros de sangre de la familia. Era otra muestra de que era el adoptado; aun así, se sentía agradecido a don Pedro y trabajaba con voluntad y dedicación en todo lo que él le mandaba

Esa tarde, los mellizos Ana y Carlos habían quedado en pasar a verlo, cosa rara, normalmente siempre le decían que fuera a sus casas, pero con todo el revuelo que se estaba formando con el nuevo documento que quería hacer, don Pedro podía entender que prefirieran hablar en un lugar fuera de la esfera directa de la familia.... Aunque él era también parte de la familia, ¿no?

Cuando les abrió la puerta y pasaron al salón, ambos cargaban con expresiones serias y preocupadas, muy lejos de los rostros risueños que solían mostrar. Ana comenzó a hablar:

—Ricardo, tenemos que hablar sobre el protocolo familiar. Siento que hay muchos temas que no se discuten abiertamente entre nosotros, y eso me preocupa.

Carlos asintió.

—Estoy de acuerdo con Ana. Hay decisiones importantes que se toman sin que tengamos la oportunidad de expresar nuestras opiniones o preocupaciones. Me siento desconectado de muchos aspectos de la empresa y de la familia.

Ricardo levantó la vista, captando la seriedad en los rostros de sus hermanos. Pensaba en lo que le estaban diciendo: era cierto que estaban fuera del círculo de información y de la toma de decisiones, como también le sucedía a él mismo. Nunca había pensado que eso fuera algo que les importara

—Entiendo vuestras preocupaciones. La comunicación y la transparencia son fundamentales para mantener la cohesión y el entendimiento dentro de la familia y la empresa. Sabéis que papá siempre lo ha defendido y en Navidad siempre nos informa de lo que debemos saber.

Ana no se sorprendió de la respuesta de Ricardo, siempre había sido el perro obediente de su padre, no recordaba en toda su vida haberle visto discutirle nada, ni siquiera cuando eran pequeños.

—Ricardo, eso no es suficiente y lo sabes; además, siento que no tenemos suficientes espacios de encuentro para discutir y compartir nuestras ideas. Siempre parece que las decisiones se toman entre un grupo selecto y todos sabemos a quién me estoy refiriendo, y nosotros quedamos al margen.

Carlos asentía con la cabeza y continuó lo dicho por su hermana.

—Lo que es más frustrante es que, al final, las decisiones que se suponen de todos parecen ser un reflejo de lo que decide papá o lo que acuerdan Marta y Javier. No hay suficiente inclusión ni representación de nuestras voces. Es como si no importáramos —suspiró.

Ricardo reflexionó unos momentos antes de responder, los mellizos estaban demostrado un interés que nunca habría dicho que tendrían por los asuntos de la familia y la empresa, quizá estaba equivocado y lo que él creía desidia... ¿era sólo que se sentían frustrados y apartados?, quizás debería hablarlo con su padre

—Puede que tengáis razón en señalar esos puntos. A lo mejor, necesitamos un cambio en la forma en que se toman y comunican las decisiones. El protocolo familiar debería ser una herramienta que promueva la comunicación abierta, la participación y la re-solución de conflictos de manera constructiva —dijo recitando de memoria una frase de su padre sobre su despacho, solo que cambio el despacho de don Pedro por la palabra «protocolo» para tranquilizar a los mellizos.

Ana asintió, se alegraba de que el sumiso de Ricardo también lo viera.

—Exactamente, Ricardo. Necesitamos establecer canales claros de comunicación y mecanismos para resolver conflictos de manera efectiva. Esto nos ayudará a fortalecer nuestra unidad como familia y a garantizar que todos tengamos una voz en las decisiones que nos afectan a todos nosotros.

Carlos, animado por la nueva energía en la voz de Ana, concluyó la conversación mientras se levantaba.

—Estoy de acuerdo. Es hora de que nos involucremos activamente en la elaboración del protocolo familiar y nos aseguremos de que refleje nuestras necesidades, preocupaciones y aspiraciones como miembros de la familia Palote.

Ricardo los acompañó a la puerta y, tras esperar unos segundos y respirar, cogió tembloroso su teléfono marco un número y esperó.

Ring.

Ring.

Ring.

Ring.

—¿Qué quieres? —dijo una voz autoritaria y seca.

—Don Pedro, los mellizos han estado aquí, tienen ideas sobre el protocolo… Debemos hablar —dijo temblando

6. EDUCACIÓN Y DESARROLLO

Sara estaba algo nerviosa y preocupada por todos los movimientos que estaba viendo en su familia; ella siempre se mantenía al margen, pero esta vez, entre unos y otros, parecía que no la iban a dejar.

Como siempre, pensó en Esperanza, la mujer de su hermano Javier. Desde que la conoció, la había sentido como su hermana mayor, algo que su propia hermana Marta nunca fue, siempre se había portado estupendamente con ella y con Pedro, desde que lo conoció. Además, sabía de la empresa y trabajaba como si se llamara Esperanza Palote... aunque no era así.

Y por eso, como en tantas otras ocasiones, la llamó.

—¡Hola, Esperanza! Soy Sara, ¿cómo estás?

—¡Hola, Sara! Estoy bien, gracias. ¿Y tú?, ¿cómo te encuentras?

Sara, tras un segundo de silencio, le contestó:

—Bien, gracias. Perdona que te vuelva a molestar —dijo con cierta vergüenza—, pero sabes que no paro de escuchar algo sobre un protocolo familiar que están trabajando Marta Javier, mi padre.... Ando un poco perdida, ¿podrías contarme más sobre ello?

Esperanza sonrió al otro lado del teléfono, la dulzura de Sara siempre tenía ese efecto en ella, se sentía honrada de su amistad, y ¿por qué no decirlo?, Sara era de los pocos miembros de la familia Palote que la consideraba un igual.

—Claro, Sara. El protocolo familiar es un documento esencial que establece las directrices y los principios que guían la gestión y la toma de decisiones en la empresa familiar. Es una herramienta que ayuda a preservar la unidad familiar, la armonía y la continuidad del negocio a lo largo de las generaciones. Tu padre hace muy bien en querer desarrollarlo.

Sara escuchaba con atención.

—Suena muy importante, Esperanza, ¿pero qué tipo de temas se abordan en ese documento?, ¿podrías concretarme algo más?

—Claro, hay varios aspectos clave que se consideran: la propiedad, el gobierno, los valores y principios de la familia. Uno de los puntos fundamentales es la educación y el desarrollo de los miembros de la familia, ya sea para desempeñar roles ejecutivos en la empresa o para ser propietarios responsables. Se busca garantizar que todos estén preparados y capacitados para asumir sus responsabilidades de manera efectiva.

Esperanza sabía por qué había enfatizado ese punto. La pobre Sara no deseaba incorporarse a la empresa familiar, así que estaba segura de que ese punto en concreto llamaría su atención

—Todo lo que dices suena muy relevante, pero me interesa especialmente el concepto que has usado de «propietario responsable» —Esperanza, de nuevo, sonrió al oírla decir aquello, aunque Sara no pudiera verla .

Sara, tras pensar un milisegundo, siguió preguntando a Esperanza-

—¿Qué crees que deberíamos considerar como puntos básicos en el tema de educación y desarrollo?

Esperanza vio la oportunidad: este punto lo discutiría a través de Sara, así que le contestó:

—Es fundamental tener una formación sólida en gestión empresarial, finanzas y liderazgo. También es importante promover valores, como la ética empresarial, la responsabilidad social y la sostenibilidad. Además, es esencial fomentar habilidades de comunicación, trabajo en equipo y resolución de conflictos.

Sara bebía cada palabra de Esperanza y las hacía suyas. Así que le contestó:

—Me parece muy acertado. Creo que estos aspectos son fundamentales para asegurar una transición exitosa y una gestión efectiva de la empresa familiar. Gracias por darme estas pinceladas, Esperanza. Tendré que hablar con mi padre sobre este tema para entender más a fondo y ver cómo puedo contribuir.

Esperanza, al oír esas palabras, no pudo ponerse más contenta; don Pedro no era amigo del ruido y, si le buscaban, apartaría a Marta de determinados aspectos del protocolo. De forma que contestó a Sara:

—De nada, Sara. Estoy segura de que tu perspectiva será valiosa en este proceso. Siempre es bueno tener diferentes puntos de vista para enriquecer el contenido del protocolo. No dudes en consultarme si tienes más preguntas o inquietudes.

Sara se sintió con la autoestima alta por las palabras de Esperanza, ¡creía que su opinión era importante! Viendo por fin una salida a las presiones de su familia, podría convertirse en propietaria responsable.

—Lo haré, gracias de nuevo, Esperanza. ¡Que tengas un gran día! —contestó con la voz llena de alegría:

—Igualmente, Sara. ¡Hasta luego!

7. PROPIEDAD Y FINANZAS

El aire en el despacho de don Pedro parece cargado de electricidad. Don Pedro estaba sentado detrás de su imponente escritorio, con una mirada que podría derretir acero. Está en silencio. Marta y Javier están frente a él, sintiendo la intensidad de su padre. No se atreven ni a parpadear.

Don Pedro, con voz firme, seca, como un martillo golpeando un yunque, se dirige a sus dos hijos

—No puedo creer que me estéis pidiendo esto. ¡Definir quién puede heredar las acciones y cuándo! Siempre he creído que deben permanecer en la familia; para mí, eso significa tener Palote como primer apellido.

Marta trata de mantener la calma. No esperaba aquel conflicto y menos un ataque tan directo contra su hijo; si su padre imponía su criterio, Laura, la hija de Javier, sería la heredera y su hijo Raúl quedaría apartado, así que, reuniendo toda la calma que pudo y pronunciando cada palabra como una gota de acero al rojo vivo, contestó a su padre:

—Entiendo tu punto de vista, es antiguo, pero lo entiendo. Raúl es mi hijo, tu nieto. ¿Estás diciendo que no debería tener la oportunidad de dirigir la empresa en el futuro?

Don Pedro, llevado por la ira por el tono y forma de la respuesta de su hija, olvidándose de dar una respuesta coherente, con todo su ceño fruncido le espetó:

—¡Exactamente! Si no lleva el apellido Palote como primero, no debería estar al frente de la empresa. ¡Que vaya al Registro y se lo cambie!

Javier no podía negar que sentía cierta satisfacción al ver cómo su padre atacaba a Marta y su hijo, pero recordó las palabras de Esperanza, en torno a que no había que crear vencedores y vencidos, así que intervino... para gran sorpresa de su hermana.

—Padre, creo que debemos considerar la capacidad y la preparación de cada individuo, más que el apellido. Raúl ha demostrado interés en los negocios. No puedo hablar de sus capacidades, pero sí de su voluntad de participar e intentar ayudar.

Marta giró la cabeza con una mezcla de susto y sorpresa, no entendía aquella intervención de su hermano: por un lado apoyaba a su hijo, por otro ponía en duda sus capacidades. No tuvo tiempo de contestar: don Pedro giró la cabeza hacia Javier y le dijo cortante:

—No estoy convencido. No voy a permitir que un extraño se haga cargo de lo que he construido con tanto esfuerzo.

Marta era un volcán a punto de estallar... ¿su hijo Raúl era un extraño? Alzando la voz y trasformando cada palabra en un puñal, contestó a su padre

—Padre, Raúl no es un extraño. Te recuerdo de nuevo que es tu nieto y mi hijo, parte de nuestra familia.

Don Pedro se levantó en seco y apoyó sus dos manos en la mesa, inclinándose hacia adelante. Una medio sonrisa apareció en su rostro: Marta y Javier estaban trabajando juntos y enfrentándose con él por lo que creían que era justo. Pensó en ello mientras contestaba con cierto desdén.

—Muy bien, quizás tengas razón en cuanto al apellido. Pero, al menos, debería llevarlo como segundo apellido. —Cambiando el tono de voz, añadió—: Esto ya no hay que discutirlo más.

Después se sentó de nuevo y miró otra vez los papeles que tenía delante, como dando la reunión por terminada.

Marta, exhalando profundamente, siguió la conversación:

—Gracias por tu compresión, padre, —Después añadió lentamente, ya con cierto miedo y agotada por la conversación anterior—: También deberíamos hablar sobre la transparencia en la gestión del dinero y establecer normas claras sobre cómo se reparte.

Javier, al ver arrastrar las palabras a Marta y cómo su padre de nuevo subía su cabeza lentamente de los papeles con cara de pocos amigos, de nuevo salió en su ayuda.

—Estoy de acuerdo con Marta. Deberíamos tener un sistema más transparente y equitativo.

Don Pedro no daba crédito: ¿ahora también le discutían su caja? «Desagradecidos», pensó y escupió las palabras con desprecio hacia sus hijos.

—¿Transparencia? ¿Equidad? ¡Os he dado todo lo que necesitabais! Nunca os ha faltado de nada.

Marta, recogiendo el apoyo de Javier, aunque sorprendida por este, recuperó algo su determinación y le contestó:

—No es solo una cuestión de necesidades, padre. Se trata de justicia y claridad en la gestión de nuestros recursos familiares.

Javier se sentía cómodo: su hermana era el ariete, se desgastaba, él aportaría visión y liderazgo.

—Padre, es importante establecer normas claras para evitar malentendidos y conflictos futuros... como esta situación entre nosotros tres, ¿imaginas que estuvieran todos los hermanos?

Don Pedro se calmó un segundo al oír a Javier, ¿quizás tenía razón? Quería saber qué pensaban, así que de nuevo frunciendo el ceño, pero con una voz más calmada, les contestó mirando a Javier:

—Si estáis tan preocupados por esto, hablaré con los seis, no solo con vosotros dos.

Se levantó de nuevo se dirigió a la puerta de su despacho.

—¡Hemos terminado!

Don Pedro dio un portazo al salir de la habitación, dejando a Marta y Javier sumidos en un silencio incómodo.

8. SUCESIÓN

—¿Alguien sabe dónde está don Pedro?

Aquella pregunta recorría las diferentes sedes del Grupo Empresarial Palote y los móviles de sus seis hijos. No había respuesta.

Muy al sur de la capital, el sol comienza a descender en el horizonte, iluminando el rostro preocupado de don Pedro. Sentado en el jardín de la casa de la tía abuela Paca, mira su teléfono apagado encima de la mesa y le da un sorbo a su vaso. Está sin estar.

Con su sabiduría acumulada a lo largo de los años y el hecho de que se haya presentado sin avisar conduciendo él solo un viaje de más de seis horas, Paca percibe de inmediato la inquietud de su sobrino nieto.

Así que, tras haberle dado un momento de tranquilidad, se acerca a él y colocándole su huesuda mano en el hombro, rompe el silencio del atardecer con su voz:

—Pedrito, tus ojos reflejan la tormenta de pensamientos que te agita. ¿Qué te preocupa tanto?

Un suspiro eterno surge de la boca de don Pedro, que contesta a su tía abuela.

—Nunca imaginé que el proceso de planificar el futuro de la familia sería tan complicado. Todos tienen sus propias ideas y opiniones sobre cómo deben hacerse las cosas. Marta quiere asegurar el control, Javier intenta mantener la paz, y Raúl... bueno, Raúl busca su lugar en todo esto.

La tía abuela Paca se sienta a su lado y sonriendo con ternura le contesta:

—Ah, la juventud y sus ambiciones. Recuerda: siempre te dije que cada voz en la familia tiene valor.

Don Pedro asiente con cierta nostalgia

—Lo sé, lo sé. Pero no puedo evitar recordar las disputas entre Javier y Marta cuando eran jóvenes. ¿Recuerdas aquel verano cuando discutieron sobre cómo se gestionaría la expansión de la empresa?

La tía abuela Paca, riendo suavemente, exclama:

—¡Oh, sí! Marta quería una expansión rápida y audaz, mientras que Javier prefería una estrategia más cuidadosa y sostenible. Fue todo un espectáculo. ¡Cómo me divertí en aquella comida!

Don Pedro se une a la risa de Paca y continúa:

—Exacto. Y ahora, veo a Raúl y a Laura, cada uno con sus propias visiones. Raúl, con su ambición y Laura, con su pasión por el arte y la naturaleza. Es como si estuvieran destinados a chocar.

—Es cierto, pero esas diferencias también son lo que hace a la familia tan fuerte. Todos tienen algo único que ofrecer.

Don Pedro, asintiendo con pesar, continúa compartiendo lo que le aflige:

—Es verdad. Y luego está la cuestión del reparto del dinero. Cuando Marta y Javier mencionaron la necesidad de transparencia, me sentí ofendido. ¿No ven todo lo que he trabajado para ellos?

Ante esa pregunta, la tía abuela Paca, con un tono de voz solemne, le contestó:

—Pedro, todos reconocen tu esfuerzo y sacrificio, pero el mundo ha cambiado y, con él, las expectativas. Todos quieren ser escuchados y comprendidos, especialmente en asuntos tan delicados como el dinero y el futuro de la empresa.

Don Pedro asiente mientras reflexiona con seriedad.

—Tienes razón, Paca. Es un mundo diferente al que yo conocí. Sin embargo, seguimos siendo una familia. Deberíamos encontrar un camino para mantenernos unidos, a pesar de nuestras diferencias.

—Me alegra que te sientas así. Pero, Pedrito, hay algo más de lo que debemos hablar, algo que aún no has mencionado.

Don Pedro, levantando una ceja, sorprendido, le pregunta:

—¿Qué es?

—Tu sucesión, Pedrito. Es algo que no puedes ignorar por más tiempo.

Don Pedro se queda petrificado por un momento, procesando las palabras de la tía abuela Paca. Luego, toma una profunda respiración, consciente de que, después de enfrentarse a todos los temas anteriores, este es otro desafío que deberá abordar. ¿Pero ha de ser ahora? Pensativo, tambaleante, de nuevo contesta:

—¿Ahora? Con todos los temas que ha abierto el protocolo familiar... abrir la sucesión... No puedo evitar sentir que estoy en una encrucijada. ¿Y si tomo la decisión equivocada?

La tía abuela Paca, con su mejor sonrisa y colocando una mano reconfortante sobre la de don Pedro, le dice:

—Para eso está tu tía abuela. No estás solo en esto, Pedrito. Juntos encontraremos el camino correcto. Y respecto a la sucesión, es un tema delicado, pero necesario. La familia necesita claridad sobre quién guiará la empresa en el futuro.

Ambos se quedan en silencio por un momento, contemplando el horizonte dorado, fortalecidos por el vínculo que comparten y listos para enfrentar los desafíos que les esperan.

Índice